FACULTÉ DE DROIT DE PARIS.

Thèse
POUR LE DOCTORAT

DE L'ÉTAT JURIDIQUE DES ALIÉNÉS.

public sur les matières ci-après sera soutenu
Le Jeudi 29 novembre 1855, à une heure,

PAR

LOUIS (J.-S.) BOUVARD,

Né à Pontarlier (Doubs).

4577

Président : M. COLMET-D'AAGE, Professeur.

	MM. DEMANTE,	
Suffragants.	BUGNET,	Professeurs.
	PELLAT,	
	FERRY,	Suppléant.

*Le Candidat répondra en outre aux questions qui lui se-
ront faites sur les autres matières de l'enseignement.*

PARIS
IMPRIMERIE DE J.-B. GROS, RUE DES NOYERS, 74
1855

300

L'homme parvenu à l'âge de majorité jouit de l'exercice de ses droits civils. Il est réputé avoir la maturité de jugement et l'intelligence de volonté nécessaires pour cesser d'être un spectateur passif de la direction de sa personne et de l'administration de ses biens. Mais quand des faits évidents viennent détruire la vraisemblance de cette présomption ; quand il résulte de ces faits que, par un écart des lois de la nature, les facultés d'un individu, entravées dès le principe par des vices organiques ou viciées dans le cours de leur développement par des lésions maladives, ne présentent que faiblesse ou désordres, idiotisme ou folie, le motif qui avait déterminé la loi n'existe plus ; et il est juste qu'elle reprenne un empire auquel elle n'avait renoncé que par des prévisions qui ne sont pas remplies.

Un document récent, publié par le Ministère du commerce et de l'agriculture sur la statistique, évalue à quarante-quatre mille neuf cent soixante-et-dix le nombre des aliénés existant en France.

S'il est heureusement rare que l'homme soit dans un état mental tel qu'il doive être soumis à une tutelle sévère que réclament son avantage particulier, l'avantage de sa famille et souvent celui de la société, il n'est pas néanmoins sans intérêt d'étudier le système des législations à cet égard. La liberté est un bien dont les peuples se proclament jaloux ; chaque individu veut la posséder aussi complète que possible. Or, dans quels cas et pour quelles causes, à la suite de quelles formalités solennelles propres à écarter les atteintes illégales, un citoyen pourra-t-il voir substituer à sa liberté anéantie l'action des agents de la loi? Comment l'incapacité naturelle variant en raison des diverses infirmités, l'incapacité civile s'élèvera ou s'abaissera à son gré? Quelle part d'action peut rester, selon les cas, à l'incapable? — Il faut suivre la marche de la législation, qui, timide au début, sait insensiblement distinguer les classes d'incapacité, multiplier les remèdes, les proportionner au besoin; la sagesse des uns, les inconvénients des autres; et voir comment, il y a moins de vingt ans, par un nouveau et sensible progrès, se produisit une loi dont l'application fréquente atteste l'utilité. Il était temps, en effet, de satisfaire aux sentiments d'humanité qu'inspire la position d'individus pour lesquels l'incapacité civile est moins un second malheur qu'un remède au premier. Empressé à prendre soin des biens, le législateur devait enfin reconnaître que la personne même des aliénés a droit à sa sollicitude. L'humanité réclamait la loi du 30 juin 1838; et, en logique, n'importe-t-il pas beaucoup de veiller à ce que la guérison des individus soit sérieusement recherchée, puisqu'au jour où elle sera obtenue, tout le système d'incapacité et de protection s'évanouira?

———

CHAPITRE I.

1. La législation et la jurisprudence romaines offrent une certaine variété dans les expressions dont elles se servent pour dénommer les maladies de l'esprit. *Stultus*, *fatuus* désigne l'individu qui manque d'idées, l'idiot. *Mente captus*, employé le plus souvent dans le même sens, s'applique quelquefois au dément, comme synonyme de *demens*. *Demens, amens, insanus*, est l'individu en démence; *furiosus*, celui qui est en état de transport frénétique et de fureur. — Les expressions *furiosus* et *demens* apparaissent tantôt comme équivalentes, tantôt comme désignations spéciales du furieux et du dément (1). En réalité, la démence est un désordre de l'intelligence moins effrayant que la fureur; elle n'a rien de dangereux pour l'ordre public, et ne se manifeste pas, au dehors, comme elle, par une série d'actes violents; un assoupissement fatal en est plutôt l'indice. Loin d'être développé par l'exaltation, l'entendement amoindri et comprimé,

(1) Voy. Jul. l. 7, § 1. De curat. for. 27. 10.—Ulp. l. 8 § 1. De tutor. et curat. dat. 26. 5. — Const. 23. C. de Nupt. 5. 4. — Novel. 52. c. 5 in fine.

tombe dans l'inertie, se décompose en quelque
sorte et se dissout. De ces deux espèces bien tran-
chées de folie (que nous verrons exister aussi à des
degrés intermédiaires), l'une se présente sombre,
obscure, à peu près perpétuelle et incurable; l'autre éclatante et brutale, laissant toutefois des intervalles de repos, et l'espoir d'une complète guérison.
— Si l'absence des opérations de l'esprit, la suppression de ses fonctions et l'atonie qu'elle engendre,
dérivent d'une cause originaire, soit d'une anomalie dans l'organisation de l'intelligence, il y a
imbécillité, idiotisme (1).

2. En aucun texte n'est clairement exposée cette
espèce de nomenclature qui ressort cependant de
la variété des expressions latines (2), et que le Code
Napoléon a peut-être trop fidèlement reproduite (3).
— *Furor, furiosus,* voilà pour les Romains l'expression générique. Ce sont les mots qui, outre leur
acception propre, semblent avoir servi à désigner
le type universel des maladies mentales. Ils sont
employés par la loi des XII Tables, et restent ceux

(1) Voy. Cicéron. Tuscul. quæst. L. 3. c. 5. « ... *Græci autem
μανιαν, unde appellant, non facile dixerim. Eam tamen ipsam distinguimus nos melius quam ipsi. Hanc enim insaniam quæ juncta
stultitiæ patet latius à furore distinguimus... Græci volunt ipsi quidem, sed parum valent verbo; quem nos furorem, μελαγχολιαν illi
vocant...*»

« L'imbécillité et l'idiotisme ne guérissent jamais. — La manie (fureur)
guérit plus souvent que la monomanie ou la mélancolie. » — Esquirol.
Diction. des sciences médicales, v° Folie.

(2) Voy. la note de la page précédente.
(3) Voy. C. Nap. art. 489.

qu'adoptent les jurisconsultes de l'empire romain
et de l'empire d'Orient. Il faut donc, avec assurance,
généraliser au profit de l'individu en démence
(*demens*), les règles énoncées à leur occasion; les
conséquences juridiques de la démence et de la fureur sont presque identiques (1). L'on peut aussi
élargir les limites de l'application de ces règles,
toutes les fois que la loi et la raison ne plaçant pas
dans une situation particulière les autres individus
en proie à des désordres intellectuels, ces désordres
se sont développés chez eux jusqu'à entraîner la
perte du libre arbitre (2).

3. Les mots *aliénation mentale, aliénés,* dont
nous nous servirons le plus fréquemment, ne
sont pas non plus étrangers à la langue de la
jurisprudence romaine. Le Code civil, il est vrai,
leur refuse place dans le vocabulaire légal, en ne
l'employant pas une seule fois dans tout le titre de
l'interdiction (Liv. I. T. XI); le Code de procédure (3) et les lois pénales (4) se montrent fidèles à la
phraséologie du Code civil, mais la loi du 30 juin
1838 consacre ces dénominations qui résument
utilement en un mot toutes les variétés si nombreuses de la folie. — Un rescrit des empereurs

(1) Voy. cependant const. 25. C. de Nupti. 5. 4. et N° 41 in fine.
(2) Voy. Pompon. I. 40. D. De divers. reg. jur. 50. 17 « Furiosi
nulla voluntas est... » — Afric. I. 47. De acquirend. hereditat. 29. 2.
— Const. 2. C. De contrahend. emptione, 4. 38.
(3) Voy. art. 890 à 897, C. de pr.
(4) Voy. C. P. art. 64, 475. 7°, 479, 2°. — Tarif crim. art. 117.

Marc-Aurèle et Commode leur fournit une antique origine qui ne saurait être contestée. «Si tibi liquido compertum est, Aelium Priscum in eo furore esse, ut continua *mentis alienatione* omni intellectu careat.... » (1)

SECTION 1. — Du droit avant Justinien.

4. Une infortune aussi touchante que celle de l'homme privé de sa raison, ne peut rester longtemps sans secours. Outre la sollicitude qu'inspire l'état du malade lui-même, il est de l'intérêt public de voir chacun faire un sage emploi de sa fortune, et dès lors de priver de la libre disposition et de l'administration de ses biens celui qui en est ouvertement incapable. Aussi, est-il vraisemblable que dès l'époque des rois de Rome, fut organisé en faveur des individus atteints de folie, un système de protection et pour leur personne et pour leurs biens. La loi des XII tables, en effet, n'apporte aucune innovation ; elle ne fait, au dire d'Ulpien (2), que confirmer des usages dès longtemps établis, en soumettant à la direction de leurs agnats et de leurs gentils ceux qu'une maladie de l'esprit rend inhabiles à se gouverner eux-mêmes. «*Si furiosus est* (ou *si furiosus esse incipit*) *agnatorum*

(1) Voy. Macer. l. 14. D. De officio praesid. 1. 18. — Voy. aussi Novel. 115. c. 4 § 5.
(2) Voy. Ulp. l. 1 pr. De curat. fur. 27. 10.

(ou *adgnatorum*) *gentiliumque in eo pecuniaque ejus potestas esto.* » Tab. V. — Quelles conséquences précises résultent de ce texte? Il est l'origine de la curatelle, espèce de puissance sur une tête libre (vis ac potestas in capite libero), pleinement capable selon le droit commun, mais frappée d'incapacité par une cause particulière et accidentelle : la curatelle a pour but de remédier et de suppléer à cette incapacité. — Uniquement applicable, selon son sens étroit, à ceux dont la folie se manifeste par des excès inquiétants pour la sûreté publique, la loi ne comprend ni les fous, ni les imbécilles ou idiots (1).

5. Les affranchis ne purent également, à aucune époque, invoquer son bienfait, car ils n'ont point d'agnats, et si la tutelle des patrons fut admise et considérée comme légitime en vue de l'esprit des XII Tables qui établissait une analogie entre elle et les espérances de succession, rien ne prouve qu'un droit de curatelle légitime ait aussi été déféré aux patrons, par un lent progrès de cette interprétation. Ce n'est pas que le fou pouvant avoir des enfants qui primeraient les agnats comme héritiers présomptifs, l'on dût nécessairement regarder la cu-

---

(1) V y Cicéron. loc. cital. « *Qui ità sit affectus (furore) eum dominam esse rerum suarum velant Duodecim Tabulæ.* » *Itaque non est scriptum, si insanus, sed si furiosus esse incipit; stultitiam enim censuerunt posse tamen tueri mediocritatem officiorum et vitæ communem cultum atque usitatum; furorem autem esse rati sunt ad omnia cæcitatem. Quod cum majus esse videatur quam insania…* »

ratelle légitime, comme n'étant pas, ainsi que la
tutelle, fondée sur une espérance de succession :
l'analogie entre la délation de la tutelle et de l'hérédité n'avait point une exactitude si rigoureuse.
Ainsi, il pouvait arriver que le plus proche agnat
fut héritier sans être tuteur, par exemple, s'il était
un impubère, une femme. — En sens inverse, le
plus proche agnat pouvait être tuteur et n'être
point héritier présomptif, par exemple, si le père a
lui-même, ainsi qu'il en a la faculté, désigné dans
son testament l héritier de son fils impubère (1). —
De même, quant au patron, la loi des XII Tables
ne l'appelant à l'hérédité de l'affranchi qu'autant
que ce dernier était mort intestat et sans héritier
sien (2), par un résultat qui n'avait rien de plus
étrange, le patron était tuteur, bien qu'aussitôt
après la puberté de l'affranchi, tout espoir de succession dût lui échapper. Alors même que l'affranchi est impubère, s'il a une femme pour patronne,
cette femme reste appelée à l'hérédité, et cependant un autre prend la tutelle. — Pour ces motifs, les jurisconsultes n'énoncent pas le principe
d'une coexistence absolue dans la dévolution de la
tutelle et de la succession. *Quia plerumque*, disent-
ils, *ubi successionis est emolumentum, ibi et tutelæ
onus esse debet...*

(1) Voy. Ulp. l. 1 § 1, et Hermogèn. l. 10. De legit. tutor. 26. 4. —
Inst. 2. 16.
(2) Voy. Inst. 3. 7. pr.

Il n'eut donc pas été plus inconséquent de faire un second pas et d'imposer aux patrons la curatelle légitime, comme on leur avait déjà imposé la tutelle légitime. Mais aucun texte n'indique qu'il en ait été ainsi.

6. Le pouvoir donné aux agnats et aux gentils porte à la fois sur la personne et sur les biens (*in eo pecuniaque*). Comment s'établira-t-il? *Quid* si les ingénus n'ont aucun agnat, ou seulement des agnats inhabiles aux fonctions de curateur? A quelles règles ce pouvoir est-il soumis? Quelles garanties pour ceux qui le subissent? — La loi décemvirale, dans son laconisme habituel, n'en dit pas un mot. Elle peut bien se référer, en quelques points, aux lois et aux usages antérieurs qu'elle ne fait que confirmer, mais toujours laisse-t-elle un vaste champ à l'ingénieuse sagacité des prudents et des préteurs à venir (1).

7. Un plébiscite rendu pendant la deuxième guerre punique, la loi Plœtoria, parle de curateurs donnés *propter lasciviam vel propter dementiam*. Ses véritables dispositions qui restent inconnues, semblent n'être qu'une application peut-être un peu étendue de la loi des XII Tables. Le feuillet où Gaïus s'occupe de la curatelle fait lacune. Les règles d'Ulpien et les sentences de Paul nous ins-

(1) On devine facilement l'origine de cet adage contre ceux qui tiennent une conduite insensée : « *Ad agnatos et gentiles.* » — Horace liv. 2, Satyr. 3, v. 218.—Surtout, Varron. *De re rustica*, liv. 1. c. 2

truisent peu, si ce n'est que le premier de ces jurisconsultes constate qu'à côté des curateurs légitimes, issus de la loi des XII Tables, il est une seconde
classe de curateurs dits honoraires ou datifs, parce
qu'ils sont nommés par le préteur (1). Ce simple
renseignement qui en fait désirer d'autres, révèle
un grand développement dans l'institution.

Arrivons sur-le-champ aux compilations de Justinien. — Ici, les dispositions éparses dans le
Digeste, le Code et les Novelles sont nombreuses,
et nous n'avons qu'à regretter l'insuffisance de nos
forces à les réunir et à les sagement combiner.

SECTION II. — Du droit sous Justinien.

§ 1. Organisation de la curatelle de l'aliéné.

8. Le nombre des individus qui reçoivent un
curateur s'est singulièrement accrû. Aux furieux
(furiosi) s'ajoutent les déments, les idiots, et tous
ceux qui sont affligés d'une maladie intellectuelle
ou physique, qui les rend incapables de suffire à
leurs propres affaires (dementes, insani, mente
capti, fatui, debiles, perpetuo capti morbo, et omnes qui rebus suis superesse non possunt) (2); avec
cette différence que la curatelle des premiers est la

(1) Voy. Ulp. Reg. 12. § 3.
(2) Voy. Inst. 1. 23. § 4. — Gaius. 1. 2. De Postu'. 3. 1. — Ulp. l. 10
§ 1, in fine, Paul l. 20. Gai l. 21, De reb. auctorit. judic. possid. 42. 5.
— Ulp. l. 12 pr. De tutor. et curat. dat. 26. 5. — Paul l. 2, De curat.
br. 27. 10.

seule légitime et appartenant aux agnats (1), auxquels l'empereur Anastase assimile les frères émancipés qu'il avait précédemment appelés à la succession ab intestat (2). La curatelle des autres est
dative ou honoraire, c'est-à-dire conférée par le
préteur, même lorsqu'il s'agit d'un furieux (furiosus), s'il n'a pas d'agnat, si le plus proche agnat est
inhabile à l'administration, si cet agnat se fait excuser ou destituer ; en tous ces cas, les magistrats
nomment eux-même le curateur, de sorte que la
curatelle dative est devenue de beaucoup la plus
commune (3). — Il n'y a point de curatelle testamentaire ; mais la nomination d'un curateur faite
par le testament du père doit être confirmée par le
magistrat après vérification de l'état mental du fils
mis en suspicion, sans distinguer si le fils a été institué ou exhérédé (4). Justinien donne une nouvelle autorité à cette disposition du rescrit de
Marc-Aurèle (5).

9. Le magistrat chargé de la nomination était ja-
dis à Rome le préfet de la ville ou le préteur ; dans

---

(1) *Quelques personnes invoquent cependant le dernier passage de
Cicéron que nous avons cité, pour en induire que la loi des XII
Tables dut, dès le principe, s'appliquer à tous ceux qui avaient perdu
l'usage total de la raison.*

(2) Voy. Const. 5. C. De curat. fur. 5. 70.

(3) Voy. Inst. 1. 23. § 3.—Gaius. l. 13. De curat. fur. 27. 10.— Ulp.
1. 11, §§ 1 et 2. De testam. tutel. 26. 2.

(4) Voy. Triphon. l. 16. pr. De cur. fur. 27. 10.

(5) Voy. Inst. 1. 23, § 1. — Const. 27. Just. C. De episcop. audient. 1. 4.— Const. Just. 7, § 3. D. curat. fur. 5. 70.

les provinces, le président ou le proconsul (1).
D'après les constitutions de Justinien, c'est, à Rome,
le préfet seul ou avec le concours du sénat, suivant que l'aliéné est d'origine noble ou plébéienne ;
dans les provinces, le président doit s'adjoindre
l'évêque et trois notables (2). Quelque soit le magistrat qui procède à la nomination, l'aliéné n'entre
en curatelle qu'après une enquête ; la loi, tout en
protégeant les malheureux, se met en garde contre
la fraude qui chercherait à s'exonérer des charges
civiles : le magistrat ne prononcera qu'en pleine
connaissance de cause (3).

10. Qui provoquera, au besoin, l'enquête et la
nomination ? — Les lois répondent que, non seulement le fils doit avoir ce soin de la personne de
son père (4), mais que les parents, les affranchis,
les intéressés eux-mêmes ont qualité ; et quand
elles s'expriment à cet égard d'une manière plus
explicite, c'est pour infliger le châtiment d'une
négligence coupable. Ainsi, la mère qui a négligé
de demander un curateur pour son fils en démence,
est écartée de la succession, comme au cas où elle
a omis de demander la nomination d'un tuteur(5).
La Novelle 115 édicte une large réciprocité de

(1) Voy. Inst. I. 23, § 3.—Ulp. l. 1. De tut. et cur. dat. 26. 5.
(2) Voy. Const. 27. Just. De episcop. audient. 1. 4. — Const. Just.
7, §§ 5 et 6. De curat. fur. 5. 70. Les termes de ces deux constitutions,
déjà rappelées à la note 6, sont le plus souvent d'une indentité littérale.
(3) Voy. Ulp. l. 6. De curat. fur. 27. 10.
(4) Voy. Const. 3. C. De curat. fur. 5. 70
(5) Voy. Ulp. l. 2, § 31. Ad. senat.-cons. Tertulian. 38. 17.

peines : si les enfants ou tous autres héritiers présomptifs testamentaires ou ab intestat de l'aliéné
négligent de pourvoir à sa curatelle, ils encourent
l'exhérédation entr'autres peines : celui qui (si ex-
traneus aliquis), après avoir mis les héritiers en demeure, recueille l'aliéné et gère ses affaires, devient
son successeur légitime, à l'encontre de toutes les
institutions testamentaires qui émanent du défunt;
la volonté du défunt ne reçoit exécution que sur
les autres chefs. La même sanction menace aussi
l'incurie des pères en ce qui concerne leurs enfants (1).

11. La capacité d'exercer les fonctions de curateur est de droit commun; tout individu peut être
appelé à ces fonctions, sauf les causes d'excuses,
d'exclusions ou de destitutions qui sont énumérées
par la loi (2). La curatelle des aliénés a aussi sou-
levé, en cet endroit, quelques questions particulières. On voit les jurisconsultes se demander
longtemps si le fils peut être curateur de son père;
et c'est Antonin (*D. Pius*) qui, le premier, décida
qu'un fils d'une piété reconnue doit être préféré à
un étranger (3); le fils sera aussi, le cas échéant,
le curateur de sa mère (4). Mais il en est autrement

---

(1) Voy. Const. 28. authent. C De episcop. audient. 1. 4. — Nov.
115. c. 3, § 12, et c. 4, § 6.
(2) Voy. Inst. 1. 25. — D. 27. 1.— Id. 1. 13. pr. Modest.
(3) Voy. Ulp. l. 12, § 1. De tut. et curat. dat. 26. 5. — Ulp. l. 1
§ 1. De curat. fur. 27. 10.—Paul, l. 2. eod. tit.
(4) Voy. Ulp. l. 4. De curat. fur. 27. 10.

du mari à l'égard de sa femme; le mari n'a pas une
simple faculté de s'excuser de la curatelle de sa
femme (1) : il en est formellement exclu, de même
que le fiancé de celle de sa future épouse (2). —
Une simple opposition d'intérêt rend également
incapable d'exercer ces fonctions considérées comme
incompatibles avec la qualité de créancier, de débiteur ou de détenteur gagiste. Le curateur devait,
préalablement à son entrée en fonctions, déclarer,
à peine de déchéance, s'il lui était dû quelque
chose. S'il acceptait une cession de créance contre
l'aliéné (aut per donationem, ant per venditionem,
aut alio quolibet modo... licet hæc cessio pro veris
causis facta sit), il ne pouvait exercer l'action,
même après être sorti de ses fontions (3).

12. Observons que tant qu'un individu est
pourvu d'un protecteur en raison de son âge, il ne
reçoit point de curateur comme aliéné. — Est-il
impubère en puissance paternelle, l'affection paternelle répond outre mesure du zèle qui veillera à
ses intérêts; le père a l'administration du pécule
castrens ou *quasi castrens*, et de tous les biens ac-

(1) Voy. Inst. I, 23, § 19.
(2) Voy. Pap. l. 14 De curat. fur. 27. 10. — Const. 2. C. Qui dare
tut. vel curat. 5. 34. — Et pour le *sponsus*, voy. Modest. l. 1, § 5.
De excusation. 27. 1. — « A l'égard du fiancé, les mêmes raisons le
regardent aussi (dit *Domat*, Lois civiles. Des personnes. Tit. 2. n° 6);
et si le mariage ne s'accomplit point, il y aurait encore moins de
raisons que le fiancé demeurât curateur. »
(3) Voy. Inst. 1. 23, § 4. — Auth., sur la const. 8. Qui dare tut. vel
curat. 5, 34.—Nov. 72. C. 1. 4 et 5.—(C. Nap. art. 450, 451 et 1596.)

quis par son fils insensé avant ou depuis sa maladie (1). — Est-il impubère sui juris, ou mineur
de vingt-cinq ans, on considère l'âge plutôt que la
folie, et on lui donne un tuteur ou un curateur,
non ut furioso, sed ut pupillo aut adolescenti (2).
Dès lors, il n'est pas besoin d'enquête sur l'état
intellectuel comme pour la *cura furiosi* (3). Dès
lors, la curatelle ainsi établie dure jusqu'à vingt-
cinq ans, quand même l'adulte vient à guérir, ainsi
qu'elle cesse à vingt-cinq ans, bien que la maladie
qui l'ait provoquée n'ait pas disparu. Ensuite commence la *cura furiosi aut mente capti* (4).

§ 2. *Capacité de l'aliéné.*

13. Lorsqu'il s'agit de déterminer la capacité civile de l'individu en proie aux désordres de l'intelligence (*furiosi, mente capti, dementis, insani*),
les métaphores abondent dans le style des jurisconsultes. Ils répètent à l'envi qu'il est *loco absentis*,

(1) Voy. Const. 7. pr. Just. C. De curat. fur. 5. 70. — « Si un mineur
est dans la démence, il serait et il est plus honnête de lui donner plutôt un tuteur, à cause de sa minorité qu'un curateur, à cause
de sa démence, au moins en attendant la majorité. » Domat. loc.
citat. n° 2.

(2) . . Quia lex XII Tabularum ita accepta est, ut ad pupillos vel
pupillas non pertineat. — Voy. Ulp. l. 3. pr. De tutel. 26. 1. — Et
quem ætas curæ vel tutelæ subjicit, non est necesse quasi dementi
quæri curatorem : et ita Imperator Antoninus Augustus rescripsit. Ibid.
§ 1. Ulp.

(3) Voy. Ulp. l. 6. De curat. fur. 27. 10.

(4) Voy. Const. 1. Anton. C. De curat. fur. 5. 70. Cette constitution
est peut-être celle rappelée par Ulp. l. 3, § 1. De tutel. 26. 1.

ignorantis, quiescentis aut dormientis, et même *loco mortui* (1); c'est un homme qui est absent, adonné à un complet repos ou plongé dans le sommeil, dans l'impossibilité de rien savoir, de rien connaître. Les expressions figurées servent à formuler les motifs des décisions de droit, ou plutôt les décisions sont les conséquences de ces manières d'envisager. — Si l'insensé reçoit valablement la mission nominative de judex (*judex addicitur*), (sauf au Préteur à s'inquiéter de son état intellectuel au jour de l'exercice des fonctions), c'est qu'il y a, en ceci, une véritable charge civile qui s'impose bon gré mal gré, au su ou à l'insu (2); l'aliéné est toujours bien *loco absentis, ignorantis*. Que, pour ce motif, le fils du père en démence soit fondé à exercer par lui-même l'action née de l'injure qu'il a personnellement reçue (3); qu'un juge ou un arbitre ne songe pas à accepter une vaine présence de fait, pour prononcer valablement une sentence qui ne peut l'être qu'en présence des intéressés (4); que le condamné n'aille pas légèrement satisfaire à la condition de la loi ou de la sentence qui exige

---

(1) Voy. Paul. l. 121. De div. reg. juris. 50. 17.—Julien, l. 2, § 3. De jure codicill. 29. 7.—Paul, l. 1, § 3. De acquir. vel amitt. possess. 41. 2. — Julien, l. 2, § 5. De acquir. vel omitt. hered. 29. 2. — Afric. l. 24, § 1, Ratam. rem. 46. 8.— *Consanguineus lethi sopor*, dit le poète...

(2) Voy. Papin. l. 39. De judici. 5. 1.

(3) Voy. Ulp. l. 17, §§ 10 et 11. De injuri. et fames. 47. 10.

(4) Voy. Paul, l. 47. pr. De re judicat. 42. 1.— Ulp. l. 27, § 5. Jul. l. 47. Modest. l. 48, Jul. l. 49; De receptis, 4. 8.

que le créancier soit témoin de l'exécution (1) : l'aliéné est *loco absentis* !

Il est même des cas où l'aliéné ne mérite pas les résultats avantageux d'une telle fiction. — Ne faut-il pas, en effet, une intelligence éclairée et une volonté libre pour se rendre partie dans un pacte ou dans un contrat? Ne sont-elles pas nécessaires pour accepter un mandat, pour consentir à une tutelle (2)? — Or, l'aliéné manque de volonté; l'absent peut consentir; l'aliéné ne le peut; il est mille fois moins qu'un absent; son intelligence assoupie ou éteinte en fait un homme rentré dans le néant.

14. La comparaison entre le pupille et l'aliéné tourne encore au préjudice de ce dernier. Il est vrai qu'au cas d'une hérédité déférée, par exemple, tous deux (infans qui nullum intellectum habet, et furiosus), ignorent le titre qui leur est offert; ils ne comprennent pas de quelle manière, si c'est par testament ou ab intestat, par droit d'agnation, de patronage ou de pécule; à quelle époque le droit s'est ouvert; ils ne savent en apprécier les forces; toutes choses indispensables pour la validité de l'adition (3). Cependant, il a été reçu que le pupille peut acquérir l'hérédité soit par lui-même avec l'*auctoritas* de son tuteur, soit par son tuteur seul (suivant que ce pupille a dé.à ou n'a pas en-

(1) Voy. Florent. l. 209. De verbor. signif. 50. 16.
(2. Voy. Paul. l. 2. § 1. De procurat. 3. 3. — Gaius. l. 5. De tut. et curat. dat. 26. 5.
(3) Voy. Paul. l. 19 et l. 22. De acquirend. heredital. 29. 2.

core atteint l'âge de sept ans révolus)(1) ; que, sous
cette même distinction, avec l'*auctoritas* de son tuteur ou par son tuteur seul, il demandera et obtiendra la possession de biens (2). Est-il besoin de
posséder et d'usucaper, il commencera aussi à posséder et à usucaper avec l'*auctoritas* de son tuteur (3).
Avec sa coopération, il stipulera et prendra part
à toutes sortes d'actes. Le furieux, au contraire,
ne peut rien de tout cela ; ainsi les lois le favorisent
moins que le pupille. Paul l'exprime en la loi 5,
De div. reg. juris : «In negotiis contrahendis, alia
causa habita est furiosorum, alia eorum qui fari
possunt, quamvis actum rei non intelligerent; nam
furiosus nullum negotium contrahere potest ; pupillus omnia, tutore auctore, agere potest (4). »

15. Toutefois, d'après la loi romaine, l'incapacité du fou est purement naturelle. Elle résulte,
mais résulte uniquement de l'insanité d'esprit,
commence et cesse avec elle. Muni ou non d'un
curateur, l'insensé qui agissait dans un moment

(1) Voy. Const. 18, § 2. Théodor. et Valent. C. 6. 30. Const. 5. *Ib.*
—Paul. l. 9. De acquir. hereditat. 29. 2.—Pour le furieux, voy. Javolen.
l. 64. eod. tit.

(2) Voy. Inst. De auctorit. tut. 1. 21. § 1. — Ulp. l. 2, §§ 11 et 12.
Ad S. C. Tertullian. 39. 17.

(3) Voy Paul. l. 1 § 3. De acquir. vel amitt. possess. pr. 41. 2. —
Paul. l. 39. § 2. Cels. l. 18. § 1. eod. tit.; Paul. l. 4. §§ 2 et 3. De
usurp. et usucap. 41. 3.

(4) Voy. aussi Inst. 3. 20. §§ 8, 9 et 10. « Furiosus nullum negotium
gerere potest, quia non intelligit quæ agit. — Pupillus omne negotium
recte gerit; ut tamen sicubi tutoris auctoritas necessaria sit, adhibeatur
tutor, veluti si ipse obligatur. . »

d'égarement, sans conscience ni volonté, fesait un acte nul d'après le droit commun, comme dépourvu de consentement ; de même que s'il agissait pendant un intervalle lucide, l'acte était valable, selon le droit commun, parce que, réunissant alors les conditions nécessaires à la validité, il n'y a aucun motif de l'annuler. Il était bien constant, quoique cela ait paru donner lieu autrefois à quelques doutes (au dire de Justinien) (1), que l'acte consenti par l'aliéné, pendant la trève de sa maladie, *in suis induciis, per intervalla perfectissima*, alors que les désordres de l'esprit fesaient place à un moment lucide, avait la même efficacité que si l'aliénation mentale n'avait jamais existé (2). Mais il fallait pour cela chez l'aliéné, un retour bien complet, quoique temporaire de la raison, une cessation absolue du désordre intellectuel. Juridiquement parlant, un intervalle lucide est, non un acte de sagesse, mais un état ; non une lueur douteuse, un repos équivoque, mais l'intelligence rendue à elle-même, la raison revenue tout entière : c'est la guérison complète, quoique momentanée (3).

Législation, sinon conforme à l'intérêt de l'incapable et à celui des tiers et de la société, du moins

(1) Voy. Just. const. 9 C. Quis testam. facer. poss. 6. 22.
(2) Voy. Inst. 2. 12, § 1. — Macer. l. 14. De offic. præsid. 1. 18 — Const. 6 Just. De curat. furios. 5. 70. — Const. 9 Just. C. Qui testam. facer. poss. 6. 22. — Const. 2. C. De contrahend. empt. 4. 39.
(3) « Tempore dilucidi intervalli, furiosus sanus comparatur, » dit Godefroy sur le const. 6 Just. C. De curat. fur. 5. 70. — Ce qui est très-exact au propre et au figuré.

philosophiquement logique! — L'incapacité n'a
donc pas sa source dans la sentence qui intervient
pour déclarer la démence et nommer un curateur;
cette sentence n'ajoute rien, soit pour le passé, soit
pour l'avenir, à l'incapacité qu'elle constate ; la folie
ne peut étendre ses effets sur des actes antérieurs à
son invasion ou postérieurs à sa disparition. Seulement, ce jugement établira en faveur de la nullité
des actes postérieurs une forte présomption qui ne
peut plus être détruite que par la preuve dûment
établie de la cessation de la folie, au temps de la
confection de l'acte : « *Præsumitur semper furiosus
qui semel furiosus fuit* (1). »—Avant le jugement,
la validité était de droit, et c'était à celui qui l'at-
taquait à prouver l'absence de la raison.

L'importance de cette distinction reste sensible,
si l'on considère, d'une part, la difficulté de la
preuve en pareille matière, et si, d'autre part, se
reportant à la distinction signalée plus haut entre
les diverses espèces de folie, l'on observe que les
jurisconsultes anciens avaient déjà reconnu que
toutes ne sont pas douées du type intermittent,
susceptible d'intervalles lucides, et qu'il en est
dont la continuité est le caractère irrémissible et
fatal? Dans cette classe d'aliénations incurables et
continues, ils rangeaient le désordre mental que
présentent ceux appelés *mente capti*. aliénés chez

(1) Voy. Godefroy sur la const. & Just. C. De curat. fur. 5. 70. —
Godefroy renvoie à Alciat qui établit ce principe. T. 2. Regula secunda
præsumptionum. — Præsumptio 18.

lesquels la faculté pensante est non bouleversée, mais abolie, sujets affectés d'imbécillité, d'idiotisme.

16. Généralement, les aliénés jouissent de la capacité de droit comme les autres hommes. Leurs biens ou leurs rapports de famille ne subissent aucune atteinte, car, par la curatelle, ils n'encourent pas de *capitis deminutio*. Mais au temps de leur maladie, leur capacité d'agir est entièrement suspendue; alors tout ce qui émane d'eux n'a que l'apparence d'acte et ne produit aucun effet juridique.

Passons en revue les applications variées de ces principes :

17. DE LA PUISSANCE PATERNELLE. — La démence du père de famille n'entraîne pas d'altération de son droit de puissance paternelle qui ne peut s'éteindre que par un des modes limitativement déterminés par la loi. Le père tient et conserve sous sa puissance les enfants qui sont nés ou qui ont été conçus avant ou pendant sa maladie. A plus forte raison, l'état d'aliénation mentale de la femme est-il sans influence. Les époux seraient-ils tous deux en démence, l'enfant conçu naîtrait sous la puissance du père. Ulpien donne deux motifs de ces décisions: la première (nous l'admettons, elle suffirait même), c'est que, le mariage n'étant pas rompu, tant qu'il subsiste, les enfants qui en sont issus tombent sous la puissance paternelle. Le juriscon-

sulte exprime ainsi le second motif : « Sed etsi ambo in furore agant, et uxor, et maritus, et tunc concipiat, partus in potestate patris nascetur *quasi voluntatis reliquiis in furiosis manentibus* (1). » — Il est peut être possible d'écarter cette seconde explication à laquelle la première laisse peu d'utilité, en faisant remarquer qu'au lieu de supposer gratuitement un reste de volonté, il est plus exact de considérer la conception comme un événement naturel indépendant de la volonté.

Au cas où la folie s'empare d'un fils de famille impubère, nous savons déjà que la loi, par respect pour le père et par confiance dans son zèle, lui attribue exclusivement le soin de veiller aux intérêts de son fils, et défend de nommer un curateur étranger (2).

Ainsi, théoriquement, le droit de puissance paternelle reste ce qu'il est malgré la démence du père. En fait, son exercice devient nécessairement soumis à des modifications ; nous aurons à en constater tout à l'heure.

18. Du MARIAGE. — Il est trois conditions indispensables pour qu'il y ait justes noces : 1° la puberté ; 2° le consentement ; 3° le *connubium*. Les futurs époux doivent remplir ces trois conditions ; la seconde est, en outre, exigée des chefs de fa-

(1) Voy. Ulp. l. 8, De his qui sui vel alieni. 1.6.
(2) Voy. const. 7 pr. Just. C. de curat. fur. 5. 70.

mille en la puissance desquels il se trouvent (1)

19. L'aliéné incapable de consentir ne peut ni contracter fiançailles, ni contracter mariage. — Les fiançailles et le mariage antérieurement contractés se maintiennent indissolubles. Tel est, sur ce dernier point, le droit plusieurs fois exposé, notamment par Gaïus et par Paul (2). De même Julien, dont Ulpien approuve l'opinion, reconnaît implicitement l'existence du mariage malgré la démence de l'un des époux, lorsqu'il se demande qui peut alors envoyer ou recevoir le *repudium* (3). Mais non loin de là, un fragment d'Ulpien est moins absolu, et il nous append que si la folie est intermittente, ou d'un caractère calme quoique continu, elle ne dissout pas le mariage, car il est du devoir de chaque époux de s'associer aux malheurs de l'autre ; que si, au contraire, la folie se manifeste par des actes violents et dangereux qui répandent l'effroi dans la demeure conjugale, le conjoint dont la vie et le repos sont sans cesse menacés, peut envoyer l'acte de répudiation, en alléguant le désir d'avoir des enfants ou de se soustraire aux dangers de la vie commune. Voilà ce qu'enseigne Ulpien (4).

20. Deux novelles de l'empereur Léon ont con-

(1) Nuptiæ consistere non possunt, nisi consentiant omnes, id est, qui coeunt quorumque in potestate sunt. Paul. l. 2, de rit. nupt. 23. 2.
(2) Voy. Gai. l. 8. de sponsal. 23. 1.—Paul, l. 16, § 2. de rit. nupt. 23. 2.
(3) Voy. Ulp. l. 4. De divort. 24. 2.
(4) Voy. Ulp. l. 22, § 7. De solut. matrim. 24. 3.

sacré cette doctrine et déterminé les règles de son
application.—Suivant ces constitutions, après trois
ans, le mari n'est plus tenu d'attendre la guérison
de sa femme ; ce délai écoulé, il est libre de divorcer
et de convoler à de secondes noces (Constit. 111).
La femme dont le mari est en démence n'aura faculté de demander la dissolution du mariage qu'autant que la maladie du mari existera depuis cinq
ans, sans que la guérison ait jamais été obtenue
(Constit. 112).

Cependant, la novelle de Justinien qui énumère
les causes de divorce ne mentionne pas la fureur de
l'un des époux comme susceptible de cet effet. —
Que penser de ce silence? — La démence de l'un
des époux continue-t-elle d'être une juste cause de
divorce?—La réponse la plus convenable semble
être celle que fournit Lebrun : «Quoique la novelle
(117, c. 8 et 9) de Justinien n'ait pas compté la fureur entre les causes de divorce, néanmoins l'é-
quité de cette loi (Ulp., l. 22, § 7.— Solut. Matr.,
24, 3) à laquelle les novelles 111 et 112 de l'empereur Léon se sont confirmées, a été suivie (1). »
— Ce que Lebrun exprime ainsi à propos de l'ancienne jurisprudence française, en citant des arrêts
pour exemples, il est toutefois impossible de l'ac
cepter en présence des termes de la constitution,
comme résumant ce qui eut lieu sous l'empire de la
législation de Justinien.

(1) Voy. Lebrun, Communauté. L. 3. ch. 1. n. 21.

21. Dans tous les cas de divorce et par conséquent dans ce dernier (avant la constitution de Justinien), l'acte de répudiation pourra être signifié
à l'aliéné lui-même (1). Au contraire, son incapacité
générale empêche qu'il puisse l'envoyer lui-même
quand il en a motif ; son curateur n'a pas qualité pour
exercer un droit dont l'époux doit personnellement
rester juge d'user ou de ne pas user, mais le père
agira en cette occasion au nom de sa fille, aussi valablement que s'il y avait lieu de répéter la dot (2).

22. Quant au chef de famille, fallait-il, parce que
son consentement était nécessaire pour le mariage
de ses enfants et parce qu'il ne pouvait consentir,
que ses enfants fûssent dans l'impossibilité de se
marier? — Non ; la loi qui tend à favoriser le mariage se relâche en cette circonstance de la sévérité
des règles communes. Il était reçu que le petit-fils
qui devait fournir le consentement de son père et
de son aïeul, pouvait, en cas de la démence de l'un
d'eux, se contenter du consentement de l'autre : le
consentement du père fesait alors présumer le consentement de l'aïeul et réciproquement (3). Elle
dispensa aussi de bonne heure la fille du consentement de son père, moins sans doute par la raison
que le consentement tacite du père avait paru suffire,
ainsi que le rapporte Justinien, que parce que les

(1) Voy. Ulp. l. 4. De divort. 24. 2.
(2) Voy. Ulp. cod. loc. et l. 22 § 9, solut. matrim. 24. 3.
(3) Voy. Ulp, l. 9. De rit. nupt. 23. 2.

enfants de la fille suivant la famille de leur père,
et non celle de l'avus maternus, ce mariage ne pouvait jamais donner au chef de nouveaux membres
dans sa famille. — En ce qui concerne le consentement du père au mariage de son fils, les avis des
jurisconsultes étaient partagés (1); son mariage
avait, en effet, cette conséquence digne d'entretenir
l'hésitation, il fesait entrer dans la famille du chef
tous les enfants qui en naîtraient. Il appartint à
Justinien de faire disparaître toute distinction entre le fils et la fille à la condition qu'en présence
de son curateur et des parents les plus notables de
leur père, ils aient soin de faire agréer la personne
qu'ils se promettent d'épouser, et fixer la dot et la
donation à cause de noces à fournir sur les biens du
père, le tout sur l'avis du préfet de la ville à Cons-
tantinople, et du président ou des évêques de la
cité dans les provinces (2).

23. Du moins, ne nous trompons pas sur la portée
de l'innovation de Justinien. Les jurisconsultes se
demandaient bien avec incertitude si le fils du
furieux (*furiosus*) devait obtenir le consentement
de son père pour se marier, et c'est à ce doute que
Justinien mit fin; mais pour les fils et filles du
mente captus, il était reconnu depuis Marc-Aurèle
qu'ils ne devaient pas attendre le consentement de

(1) ... Super filio variabatur, disent les Institutes. 1. 10. pr.
(2) Voy. const. 25. C. De nuptiis, 5. 4. — Voy. aussi la const. 24.
C. De Episc. aud. 1. 4. qui est une reproduction de la dernière partie de la const. 25. De nupt.

leur père (*hoc facere possint etiam non adito principe*)(1). Pourquoi avoir accordé au fils du mente
captus ce que l'on persistait à refuser au fils du furieux? — Il importe de le remarquer : il y a là quelque
chose qui confirme ce que nous avons annoncé plus
haut, à savoir que la législation romaine ne présu-
mait aucun intervalle pendant lequel l'insensé
(*mente captus*) pût consentir, tandis qu'elle en pré-
sumait chez le furieux. De là, la nécessité impé-
rieuse de faire une exception pour les fils et filles
du mente captus; moins pressante quant au fils du
furiosus, et loin d'être comprise au temps de Marc-
Aurèle, elle ne reçut satisfaction que par l'œuvre
de Justinien.

24. DE LA TUTELLE. — Un testament, la loi ou
le magistrat peuvent appeler aux fonctions de tuteur une personne qui se trouve en démence. On
conçoit qu'il est contraire à la raison que les personnes reconnues pour avoir besoin du secours d'autrui
dans l'administration de leurs affaires soient chargées de diriger les autres. Le tuteur ou le curateur
désigné trouve donc dans sa maladie, selon sa nature, une excuse temporaire ou perpétuelle. L'excuse temporaire produisait la substitution d'un
nouveau tuteur ou curateur au premier jusqu'à la
guérison de celui-ci (2). Cela ne fesait aucun doute

---

(1) Voy. la même constit. 25 Just.
(2) Voy. Modest. l. 12. pr. et l. 10, § 8. Dé excusat. 27. 1.

quánt au tuteur légitime ou datif. Si le titre de
tuteur avait été confié à l'incapable, par testament,
le cas avait paru plus difficile. Des jurisconsultes,
les uns, Proculus entr'autres, pensaient que cette
nomination faite purement et simplement était
nulle ; que subordonnée à la condition *cum furore
desierit* ou *cum suæ mentis esse cœperit*, elle était
valable. La plupart voulaient que par interprétation favorable de la volonté du défunt (*in testamentis plenius voluntates testantium interpretan-
tur*) (1), la condition fut considérée comme sous-
entendue (2). — Les Institutes ont fait prévaloir
cette dernière opinion. Assimilant en quelque sorte
la disposition qui défère la tutelle à l'aliéné à celle
qui la défère au mineur de vingt-cinq ans, ils veulent que dans l'un et dans l'autre cas, la volonté du
testateur soit exécutée : le mineur de vingt-cinq ans
devient tuteur après avoir atteint l'*ætas perfecta* ;
le fou, après avoir recouvré la raison, s'il la recouvre (3).

Il est bien clair que la folie excuse aussi *a sus-
cepta tutela* (4).

25. DES BIENS. — CAUSES D'ACQUISITIONS. — L'administration du patrimoine de l'aliéné est confiée à

(1) Voy. Paul, l. 120. De div. rég. jur.
(2) Voy. Ulp. l. 10, § 3. De tut. 26. 2. — Paul, l. 11. De tutel
26. 1.
(3) Voy. §.2. Inst. qui testam. tut. 1. 14.
(4) Voy Paul. l. 40. pr. De excusat. 27. 1.

son curateur; les changements qui surviendront dans les forces de ce patrimoine seront la suite des actes d'administration.

Parmi les actes qui peuvent modifier notre avoir, les contrats sont les plus ordinaires et les plus féconds. Ils résultent du concours actif de celui qui acquiert par ce moyen des droits de créances ou d'actions. A côté des contrats, se rangent comme causes d'obligations, les quasi-contrats, les délits, les quasi-délits et la loi. Or, nous répétons que toutes les fois que le titre de créancier suppose une manifestation intellectuelle et l'expression d'une volonté, l'aliéné est par avance privé de ce titre; il ne peut ni stipuler, ni promettre valablement, ni faire aucun contrat (1). Toutes les fois que le rôle n'exige ni intelligence ni volonté de la part du futur créancier, la position de l'aliéné est celle des autres hommes : comme eux, il acquerra; comme eux il sera obligé.

26. Nous nous occupons des causes d'acquisition. — Les hommes sains d'esprit acquièrent généralement à leur insu les actions qui naissent d'un quasi-contrat, d'un délit et d'un quasi-délit. Dans ces mêmes cas, les actions appartiendront à l'aliéné : Quibus ex causis ignorantibus nobis actiones adquiruntur, ex hisdem etiam furiosi nomine incipit agi

_____
(1) Voy. Gai. l. 1, § 12. De oblig. et act. 44. 7. — § 8 Inst. — De inutil. stip. 3. 19.

3

posse (1). Il aura donc, pour citer quelques exemples, l'action qui résulte des legs et des fidéicommis faits en sa faveur, de la gestion de ses affaires par un tiers (2); l'action en pétition d'hérédité, s'il est héritier sien et nécessaire (3); la *condictio certi de depensis*, qui a son fondement dans un principe d'équité, ou l'action *ad exhibendum*, selon que les objets du *mutuum* apparent ont été consommés de bonne ou de mauvaise foi par celui qui les a reçus (4); l'action née de la tradition faite en fraude de ses droits par son débiteur de mauvaise foi; celle née d'un vol à son préjudice, d'une injure qu'il a reçue (5), d'un dommage causé au mépris de la loi Aquilia, etc.

27. Plusieurs de ces actions naissent, il est vrai, d'un préjudice souffert en violation d'un droit, ce qui rend leur acquisition peu avantageuse et peu désirable pour le créancier; et presque toutes sont personnelles. Il n'y en a pas de réelles; parce que régulièrement le droit de propriété qui donne lieu

(1) Voy. Pompon. l. 24. De oblig. et act. 44. 7. — Pompon. l. 12. De reb. credit. 12. 1. — § 3. Inst. de hereditat. quæ ab intestat. 3. 1.

(2) Voy. Ulp. l. 3, § 2, De negot. gest. 3. 5.

(3) Voy. § 2. Inst. De hered. qualit. 2. 19. — Javol. l. 63. De adquir. heredit. 29. 2.

(4) Voy. § 2. Inst. quib. alien. licet. 2. 8. — Pompon. l. 24. De oblig. et act. 44. 7. — « Interdum persona locum facit repetitioni : at puta si pupillus sine tutoris auctoritate, vel *furiosus*, vel is cui bonis interdictum est, solverit : nam in his personis generaliter repetitioni locum esse non ambigitur : et si, quidem exstant nummi, vindicabuntur ; consumptis vero, condictio locum habebit. » Ulp. l. 29. De condict. indeb. 12. 6.

(5) Voy. Ulp. l. 3, § 1 et 2. De injuriis. 47. 10.

aux actions *in rem* ne s'acquiert pas à l'insu, nobis ignorantibus et invitis. La propriété qui peut s'accroître sans le fait du propriétaire par l'accession, ne peut généralement s'acquérir que par le fait du propriétaire. Exceptons aussitôt les cas de la pétition d'hérédité et de l'usucapion *ex causâ peculiari*, omettant à dessein d'y joindre l'action Paulienne, bien qu'elle soit dite action *in rem* dans les Instituts (1). On sait que le but de cette action est tout particulier : le créancier qui l'exerce après l'envoi en possession revendique pour le débiteur, dont il possède les biens, et non pour lui-même.

28. Mais les hommes sains d'esprit acquièrent non seulement par eux-mêmes, ils acquièrent encore par ceux qui sont en leur puissance, par leurs enfants, par leurs esclaves (2). Les événements d'où dérivent le droit de propriété, quoique se réalisant en la personne de ces derniers, le font acquérir au maître ou au chef de famille. Les esclaves qui ne peuvent promettre pour leur maître ni l'obliger personnellement, peuvent stipuler pour lui, et le bénéfice de la stipulation, c'est-à-dire l'action contre le promettant, est dévolue au maître (3). — L'aliéné jouit de ces avantages du droit commun ; il acquerra par ses enfants ou par ses esclaves ; car ce

(1) Voy. § 6. Inst. De act on. 4. 6.
(2) Voy. Regul. Ulp. 19. § 18. — Ulp. l. 8. § 1. De his qui sui vel alien. 1. 6. — Paul. l. 5. Rem pupilli vel adolesc. 46. 7.
(3) Voy. Inst. De stip., serv. 3. 17.

que les esclaves et les fils de famille acquièrent ainsi
par stipulation, par tradition ou par toute autre
cause, est acquis au chef, même à son insu et contre
son gré ; *hoc enim vobis ignorantibus et invitis ve-
nit*. Toutefois, si l'esclave est institué héritier, il a
besoin de l'ordre de son maître pour faire une adition qui entraîne des charges et des obligations, et
ce n'est que l'adition qui fait acquérir l'hérédité au
maître, comme s'il avait été personnellement institué (1). Que si, après avoir donné l'ordre, mais
avant l'adition, le maître vient à perdre la raison,
son esclave ne fera plus une adition valable, puisque la volonté du maître ne sera plus là pour faire
réaliser l'acquisition (2).

29. Il faut, au point de vue de l'acquisition, distinguer aussi la possession de la propriété.

La possession légale se compose de deux éléments : le fait qui consiste en ce que la chose est
d'une manière quelconque à notre libre disposition;
et l'intention qui consiste dans la volonté de posséder comme propriétaire. Le fait peut s'accomplir
en la personne de notre esclave ou du fils de famille, car la chose que celui-ci tient à sa libre disposition pour nous et en notre nom, est par cela
même entre nos mains. — Quant à l'intention,
celle de l'esclave ou du fils ne suffit pas; il faut que

(1) Voy. § 3. Inst. Per quas person. nobis acquir, 2. 9. — Javolen. l. 53. De adquir. hered. 29. 2.
(2) Voy. Afric. l. 47. De adquir. heredit. 29. 2.

nous ayons nous-même la volonté d'être considéré comme propriétaire de la chose détenue en notre nom (1). Le maître ne peut donc acquérir la possession à son insu et contre son gré. S'il suffit pour le fait, qu'il s'opère en la personne de l'esclave ou du fils, il faut que le maître en ait connaissance, et veuille en profiter (2). L'aliéné ne peut donc acquérir la possession même par ses enfants ou par ses esclaves.

30. Si tel était le droit rigoureux, il existait du moins une exception pour tout ce que l'esclave possédait ou recevait en possession comme entrant dans son pécule (*pro peculio*). Le maître acquérait alors la possession même à son insu, parce qu'en lui accordant la permission d'avoir un pécule, il était censé avoir eu la volonté de posséder en général tout ce pécule, et en particulier toutes les choses dont il se composerait. C'est Paul qui nous l'apprend : «Adquirimus possessionem per servum aut filium, qui in potestate est, et quidem earum rerum, quas peculiariter tenent, etiam ignorantes, sicut Sabino et Cassio, et Juliano placuit, quia nostra voluntate intelligantur possidere, qui eis peculium habere permiserimus (3).» Papinien fait ressortir l'utilité de ce droit exceptionnel : il ne fallait pas que les maîtres se trouvassent dans la nécessité de

(1) Voy. Paul, l. 3. § 12. De adquir. possess. 41. 2.
(2) Voy. Papin, l. 44. § 1. in fine. eod. tit.
(3) Voy. Paul, l. 1. § 5. De adquir. poss. 41. 2.

s'enquérir à tout instant et en particulier de chaque chose qui entrait dans le pécule et de la cause qui l'y fesait entrer. Au lieu de ces inquisitions de détails, leur volonté et leur autorisation générales devaient suffire (1). Dans ces cas, l'usucapion et la possession de long temps s'accomplissent par le fils et par l'esclave au profit du maître. Laissons encore parler Paul : « Igitur ex causa peculiari, et infans et furiosus adquirunt possessionem et usucapiunt (2). »

31. Puisque l'aliéné, personnellement incapable d'avoir l'animus possidendi, ne peut commencer à posséder (3), la tradition qui lui serait faite aurait pour effet de dépouiller l'autre partie de la possession sans la faire acquérir à l'aliéné (4). A l'inverse, une fois que l'aliéné a la possession, il ne peut la perdre par l'animus non possidendi (5). Si la possession remonte à une époque antérieure à la folie, l'aliéné continue de posséder et d'usucaper ; sa possession ne subit pas d'interruption naturelle (6). La rigueur des principes s'oppose évidemment à cette décision. La perturbation de l'intelligence a

(1) Voy. Papin, l. 44, § 1. eod. tit.
(2) Voy. Paul, l. 1. § 5. et Ulp. l. 4 eod. tit.
(3) Voy. Paul, l. 1. § 3. De adquir. possess. 41. 2.
(4) Voy. Cels, l. 18. § 1. eod tit.
(5) Voy. Procul., l. 27. eod. tit. — Le père acquiert par son fils en vertu du droit de puissance paternelle qui subsiste malgré la démence du père. Le maître acquiert par son esclave parce qu'il possède cet esclave ; or, il ne cesse pas de posséder, bien qu'il tombe en démence.
(6) Voy. Paul, l. 4. § 3. De usurpat et usucap. 41. 3.

fait disparaître l'animus possidendi préexistant
aussi bien qu'elle empêche l'individu de l'avoir
par la suite; aussi, Papinien prend-il soin de nous
dire qu'elle est fondée sur des motifs d'utilité:
«eum qui postcaquam usucapere cœpit, in furorem
incidit, *utilitate suadente*, relictum est, ne lan-
guor animi damnum etiam adferat, ex omni causa
implere usucapionem (1).»

32. Nous avons exposé que l'aliéné commence
à usucaper lorsque la chose a été livrée *ex causa
peculiari* à l'esclave ou à l'enfant en sa puissance (2).
La possession lui est encore acquise par le curateur
qui agit en son nom de même qu'elle est acquise
au pupille encore enfant par son tuteur, car le tuteur et le curateur sont *loco domini* (3). La chose
volée qui rentre dans les mains du curateur aussi
bien que celle qui rentre dans les mains du tuteur
passe pour avoir fait retour à son propriétaire, et
purgée ainsi du vice qui fesait obstacle à l'usucapion, elle en devient susceptible (4).

33. DES CAUSES D'OBLIGATION. — Il est naturel
de rechercher comment l'aliéné peut quelquefois,
à son tour, devenir débiteur ou obligé.

Inutile de répéter que cet effet de droit ne peut
résulter des contrats, puisque l'aliéné ne jouit ni

(1) Voy. Papin, l. 44. § 6. eod. tit.
(2) Voy. Pompon, l. 28, et Paul, l. 8, § 1. eod. tit.
(3) Voy. Paul, l. 1, § 20. De acquir. possess. 41. 2. — Ulp. l. 157.
De reg. jur. 50. 17.
(4) Voy. Julien, l. 56. § 1. De furtis. 47. 2.

d'intelligence ni de volonté. Que le contrat soit de ceux qui se forment re, verbis, littéris ou solo consensu (1), il n'en dérive pas même une obligation naturelle pour l'aliéné qui aurait joué un rôle dans le contrat, et le concours de son curateur est impuissant à le relever de cette incapacité. Le tuteur du pupille peut compléter quelque chose par son *auctoritas*; le curateur du furieux ne peut compléter ce qui n'a pas commencé d'être, le néant. L'incapacité de l'aliéné est aussi absolue pendant la durée de la folie, que sa capacité est entière pendant les intervalles lucides. La fidéjussion qui serait intervenue dans un contrat où aurait figuré l'aliéné n'aurait donc aucun effet (2). Par une application facile de ces principes, il faut décider que la vente consentie par l'aliéné est manifestement nulle en droit pur; mais si l'acheteur avait cru son vendeur sain d'esprit, l'utilité avait inspiré des concessions. Quels seront alors les effets du contrat au profit de l'acheteur? Les jurisconsultes semblent en désaccord sur ce point que l'on continue de discuter (3). De même, on se demanda longtemps si, l'aliéné se trouvant engagé dans une société au moment où il est atteint de folie, son curateur avait

(1) Voy. § 8. Instit. De inutil. stip. 3. 19. — Gai l. 1. § 12 De oblig. et act. 44. 7. — Paul, sent. 2. 17. § 10.

(2) Voy. Gaius. l. 70 De fidejuss. 46. 10.

(3) Voy. Paul. l. 2, § 16. Pro. empt. 41. 4 et l. 13, § 1. De usurp. et usucap. 41. 3. — Ulp. l. 7, § ?. De public. in rem. act. 6. 2. — Voy. M. Pellat. De la propriété, commentaire de cette dernière loi.

qualité tant pour signifier une renonciation aux associés que pour la recevoir d'eux ; Justinien met fin à cette controverse en attribuant ce pouvoir au curateur (1).

34. Les quasi-contrats qui n'ont qu'une importance restreinte dans la vie civile des autres hommes sont, à vrai dire, la source la plus commune des engagements d'un aliéné. — Quand l'action prend naissance dans le fait licite d'autrui *ex re*, et dans un événement indépendant de la volonté de l'obligé, tels sont les cas d'une chose donnée ou léguée à plusieurs en commun, de dépenses faites par le communiste pour l'intérêt commun, le furieux devient obligé comme le serait l'homme sain d'esprit (2). Il est, par conséquent, exposé aux actions *communi dividundo, familiæ erciscundæ, finium regundorum* (3). Le paiement de l'indû fait entre ses mains donne lieu contre lui à la *condictio indebiti*, jusqu'à concurrence de ce dont il se trouve enrichi (4). Il est tenu dans ces mêmes limites de l'action *negotiorum gestorum contraria* vis-à-vis le procureur qui a utilement géré ses affaires (5). Cependant il faut excepter de ces quasi-contrats l'a-

(1) Voy. Const. 7. Just. C. pro socio. 4. 37.
(2) Voy. Paul. l. 46. De oblig. et act. 44. 7.
(3) Voy. § 3 et 4. Inst. De oblig. quasi ex contract. 3. 27.
(4) Voy. § 1. Inst. quib. mod. re. 3. 14. — § 6. Inst. De oblig. quasi ex contract. 3. 27.
(5) Voy. Ulp. l. 3, § 5. De neg. gest. 3. 5. — § 1. Inst. De oblig. quasi ex contract. 3. 27.

dition d'hérédité qui oblige son auteur vis-à-vis les créanciers de la succession; l'aliéné subira bien cette conséquence du droit commun lorsqu'il sera héritier sien et nécessaire, mais il ne peut faire adition d'une hérédité testamentaire (1). — Ce point fut plus tard changé par la constitution de Justinien (2).

35. Si les délits sont une cause d'obligation; les actions qui en naissent ne pouvant être intentées contre l'auteur qu'autant qu'il est *doli capax*, l'aliéné échappe aux poursuites. Sans doute le propriétaire revendiquera la chose, s'il y a lieu; il exercera même la condictio furtiva contre l'aliéné, par cela seul que celui-ci est l'héritier nécessaire du voleur (3); mais il n'usera d'aucune action pénale, ni de l'action *furti*, ni de l'action *vi bonorum raptorum* qui n'atteignent que celui qui a agi *dolo malo*. L'aliéné ne se possède pas : il n'a pas conscience de ses actes; on ne pourrait venir dire qu'il est en faute (quæ enim in eo culpa sit, cum suæ mentis non sit?). Le dommage qu'il cause échappe donc à la loi Aquilia; c'est pour celui qui le souffre un événement de force majeure; c'est la chute d'une tuile (*quemadmodum si quadrupes damnum dederit* (Aquilia cessat) *aut si tegula ceciderit*) (4). De même, l'injure n'existe pas sans la volonté d'outrager

(1) Voy. Javolen. l. 63. De adquir. heredit. 29, 2.
(2) Voy. Constit. 7, § 3 Just. C. De curat. fur. 5, 70.
(3) Voy. Pompon. l. 2 De condict. furtiv. 13, 1.
(4) Voy. Ulp. l. 5, § 2 Ad leg. Aqui. 29, 2. — Pompon. l. 60 De vindic. 6, 1.

et sans discernement de la part de son auteur. Le
fou, le furieux ne peuvent donc pas se rendre cou-
pables d'injures, quoiqu'ils puissent en souffrir (1).

36. Il en sera différemment des obligations qui
naissent comme d'un délit (*quasi ex maleficio*)
puisque le plus souvent, en ce cas, le maître est
tenu de la faute d'un autre, soit de celle de son esclave, soit de celle de son enfant (2).

37. DROITS DE SUCCESSION. — Quel était, à la mort
de l'aliéné, le sort de son patrimoine, et quelles
règles le gouvernaient, soit comme disposant, soit
comme héritier?

38. Rappelons en principe que l'hérédité est déférée par testament ou par la loi. L'hérédité testamentaire marchant en premier lieu, ce n'est qu'à
défaut des dispositions du citoyen au sujet de son
hérédité que la loi règle elle-même la dévolution.

39. L'aliéné n'a pas faction de testament, en ce
sens qu'il ne peut prendre part à la confection du
testament d'autrui (3), ni tester lui-même. Il
mourra le plus souvent intestat (4). Son incapacité
est de telle nature qu'à toute époque elle dut être
évidente; ni l'accès des comices, ni la participation
à la mancipation ne lui appartinrent jamais, car

(1) Voy. Ulp. l. 3, §§ 1 et 2, De injur. 47, 10. — Stst. Paul.
54, § 2.
(2) Voy. §§ 1 et 2. Inst. De obligat. quæ quasi ex delecto. 4. 5.
(3) Voy. § 6. Inst. De testam. ordin. 2. 10. — Ulp. l. 20, § 4. Qui
testam. facer. 28. 1.
(4) Voy. Ulp. l. 1. pr. De suis et legit. hered. 38. 16.

en tout temps, le testament fut un *ultimum judicium* de son patrimoine, et quelle que fut la faveur avec laquelle on put accueillir une semblable disposition, son importance ne pouvait entraîner l'oubli des règles de capacité. Nous avons dit que l'aliéné mourait le plus souvent intestat; non toujours, car si le testament fait par un père de famille en démence est et reste nul quand même le testateur vient à mourir sain d'esprit, parce que le testament antérieurement fait n'acquiert par aucun laps de temps la validité qui lui manque, il n'est pas moins certain que le testament fait avant l'altération des facultés du testateur doit conserver sa validité et recevoir exécution au jour de la mort du testateur (1); car, il est de principe que celui qui jouit du droit et de l'exercice du droit au moment de la confection du testament, dispose utilement, pourvu que ce droit lui appartienne encore au moment de sa mort, bien qu'il en ait perdu le libre exercice. L'incapacité survenue postérieurement à l'acte et qui n'affecte que l'exercice, ne nuit pas plus au droit du testateur que ne peut nuire l'incapacité physique qui résulte de la maladie ou des approches de la mort: le testament reste valable comme tous les actes antérieurs, comme le mariage, comme les fiançailles; il est valable aussi quand il a été fait pendant un intervalle lucide (2).

(1) Voy. Ulp. l. 1, §§ 8 et 9. De bon. possess. secund. Tabul. 37. 11.
(2 Voy. § 1. Inst. Quibus non est. 2. 12.— Pr. Inst. De inoffic. 2. 18.— Ulp. regul. 20, § 13.— Paul. sent. 3. 4, § 5.—Const. 9. Just. C. Qui testam. facer. poss. 6. 22.

40. Le prix que les Romains attachaient à ne pas mourir intestat, fit à une certaine époque appliquer aux aliénés une disposition précédemment spéciale aux impubères, dont l'objet fut de permettre aux ascendants de leur instituer des héritiers dans leur propre testament : le testament du fils en démence devenait ainsi l'accessoire du testament du père. C'est le mode de substitution *quasi-pupillaire* ou *exemplaire*. Son but est de prévenir pour le fils pubère le malheur de mourir intestat auquel l'expose son état de démence. Au début, effet d'une faveur individuellement sollicitée par le chef de famille, et s'accordant chaque fois par un rescrit du prince pour le cas où le fils pubère était hors d'état de tester; soit parce qu'il était sourd et muet, en démence ou privé par toute autre cause de l'exercice du droit et non du droit lui-même (1), cette faculté fut, pour le cas de folie, généralement accordée par Justinien à tous les ascendants, sans qu'il fût besoin d'autorisation spéciale. Calquée en quelque sorte sur la substitution pupillaire, ainsi que la loi se plaît à le répéter, la substitution exemplaire diffère cependant de la précédente en plus d'un caractère.

Le droit de substituer exemplairement est accordé à tout ascendant, en vertu de sa qualité d'ascendant, et dans l'intérêt du furieux (intuitu humanitatis), et non en vertu de la puissance pater-

(1) Voy. Paul. l. 43. pr De vulg. et pupill. substit. 28. 6.

nelle, condition que la loi exige pour l'exercice de la substitution pupillaire ; dès lors, le père, la mère, l'aïeul, l'aïeule et tous autres sans distinction pourront l'exercer à l'égard d'enfants émancipés ou retenus sous leur puissance (1). Cujas exprime un avis contraire dans son commentaire sur Paul (*T. 5, édit. de Naples, l. 13, pr. Dig. de Vulg. et pupillar. substit.*) ; il prétend que la substitution exemplaire réglée à l'imitation de la substitution pupillaire suit les règles de celle-ci dans tous les points où la constitution n'y déroge pas, et doit rester comme elle un attribut de la puissance paternelle. — Outre que cette opinion est contraire à un certain passage de la constitution invoquée, l'éminent interprète des lois romaines a eu soin (à son insu peut-être !) de combattre en un autre lieu sa première doctrine en termes aussi énergiques que ceux qui l'avaient d'abord formulée (T. 7; c. 938, l. 43, De vulg. et pupill. substit).— L'ascendant, dans la substitution exemplaire, doit choisir le substitué parmi les descendants du furieux qui sont sains d'esprit ; à défaut de descendants sains d'esprit, parmi les frères ; à défaut des uns et des autres seulement, il substitue qui il veut. Le chef de famille qui substitue pupillairement peut toujours instituer un étranger.

La substitution exemplaire est rompue au cas où

(1) Voy. Const. 9. Just. C. De impub. et al. substit. 6. 26. — § 1 Inst. De pupill. substit. 2. 16.

l'insensé recouvre la raison, au cas où il vient à avoir des enfants. La substitution pupillaire s'évanouit bien au jour de la puberté, mais elle est à l'abri du second danger.

41. La constitution qui introduisit ces principes réduisit sans doute à un petit nombre les dévolutions ab intestat des biens des aliénés. Elles ne furent plus que de rares accidents. Loin de manquer de testament, l'aliéné dut souvent en avoir plusieurs. Chacun des ascendants morts avant le fils insensé peut avoir fait pour lui une substitution quasi-pupillaire. Qu'adviendra-t-il (1) ? — La volonté du père doit-elle l'emporter, et le droit attribué aux ascendants ne s'exerce-t-il utilement qu'après la mort du père, et en remontant successivement de degré en degré? — C'est ce que l'on doit raisonnablement supposer dans le silence des textes. — Encore, la préférence serait-elle assurée au testament de l'insensé s'il en avait fait un valable (2). Mais nous pensons que l'occasion ne se présentera pas de donner cette préférence au testament du fils. La constitution et les Instituts ne parlent, en effet, que des fils *mente capti*; ces textes déclarent que la substitution devient sans valeur quand les enfants sont rendus à la raison. — Or, on peut en induire, sans voir une objection dans le passage de Paul plus haut cité, qu'aussitôt rangé au

(1) Voy. § 2. Inst. Quibus mod. testam. infirm. 2. 17.
(2) Voy. Paul, 1. 43. De fulgar. et pupill. sobstit. 28. 6.

nombre des prérogatives de la qualité d'ascendant, le droit de substituer exemplairement ne put être exercé qu'au cas où la maladie des enfants était de celles qui ne laissent ni intervalles lucides ni espoir de guérison, c'est-à-dire au cas d'idiotisme ou d'imbécillité, désordre qui dérive souvent d'un vice primitif de la conformation des organes. Il y aurait là une seconde différence entre la situation juridique des *mente capti* et des *furiosi*, à ajouter à celle qui exista jusqu'à la constitution 25 C. *de nuptiis.*

42. Quant à la faction passive, c'est-à-dire quant à la capacité d'être institué par le testament d'un autre, dès que l'héritier put être institué dans les tablettes du testament en demeurant étranger à la mancipation (testator tabulas testamenti tenens ita dicit: « hæc ita ut in his tabulis cerisque scripta sunt, ita do, ita lego, ita testor, itaque, vos, Quirites, testimonium mihi perhibetote (1) »... l'aliéné dut jouir du droit commun ; il put être appelé à la succession testamentaire (2). Cet avantage fut tantôt réel, tantôt purement nominal.

L'absence de discernement a enlevé à l'aliéné toute possibilité de faire adition : le curateur ne peut accomplir cette formalité en son nom (3) ; il ne saurait même obtenir la possession de biens *secundum tabulas* en vertu de l'édit du préteur, bien

(1) Voy. Gaius. Inst. 2, § 104.
(2) Voy. Just. 2. 19 § 4.
(3) Voy. Paul. I. 90. De adquir. heredit. 29, 3.

que le droit prétorien soit moins exigeant que le droit civil, car l'Edit ne la défère point au furieux (1). Le curateur obtiendra cependant du préteur la possession de biens en vertu d'un décret particulier (*bonorum possessio decretalis*) qui lui permettra de jouir des biens héréditaires et de satisfaire aux demandes des légataires moyennant bonne caution (2). Cet état de choses n'est que provisoire. L'aliéné meurt-il avant d'avoir recouvré la raison, alors il n'a pu ratifier la possession de biens qui avait été concédée au curateur sous cette expectative ; le testateur en question sera censé mort intestat, et les biens rendus par l'héritier du furieux, les legs restitués par les légataires passeront au substitué vulgairement ou aux héritiers légitimes ou au fisc, à défaut de tous autres (3). — Si l'aliéné recouvre la raison et qu'il repousse la possession de biens, le résultat est le même. Pour que la succession lui soit vraiment acquise avec profit (*cum re*), il faut que, rendu à la santé et maître de lui-même, il accepte par la manifestation de sa propre volonté la *bonorum possessio edictalis*. Jusqu'au jour de sa guérison, les délais n'ont point couru contre lui, la connaissance qu'avait son curateur n'équi-

---

(1) Voy. Const. 1. Alex. C. De succes. Edict. 6. 16.—Ulp. l. 1, § 5. De success. Edic. 38, 9.

(2) Voy. Ulp. l. 2, § 11. Ad. S. C. Tertull. 38. 17.— Procul. l. 48, § 1. De legat. 31.

(3) Voy. Ulp. l. 2, § 11. Ad. S. C. Tertull. 39. 17. — Papin. l. 51. De heredit. petit. 5. 3.

valant point à la sienne, et n'ayant pu suppléer à l'ignorance de toutes choses dans laquelle il vivait (1).

43. Héritier sien ou nécessaire, l'aliéné acquiert bon gré, malgré, une hérédité que la loi lui impose; il la transmet à ses héritiers quoiqu'il décède en état de fureur, comme il transmettrait son droit à un legs. Il acquiert encore la succession, lorsque l'institué est quelqu'un qu'il tient sous sa puissance (2); mais l'esclave ne peut faire adition sans l'ordre de son maître; le maître eut-il déjà donné cet ordre, s'il vient à tomber en démence, sa volonté ne survit pas, et l'adition ne peut être valablement faite (3). Au contraire, la démence du père n'empêche pas le fils de famille de faire adition; au moins depuis le rescrit d'Antonin le Pieux, le fils de famille a pour cet acte la capacité d'un homme *sui juris* et se passe de la volonté de son père (4).

44. Justinien nous apprend dans sa longue constitution (5), que les jurisconsultes ne furent pas toujours en aussi parfaite harmonie que semble le prouver l'étude des Pandectes. — L'aliéné pouvait-il ou ne pouvait-il pas soit faire adition, soit demander la possession de biens? Son curateur avait-

(1) Voy. Papin. l. 1. De bon. possess. for. 37. 3.
(2) Voy. Marcel. l. 63. De adquir. heredit. 29. 2. — § 3, Const. 7. Just. C. De curat. fur. 5. 70.
(3) Voy. Africain. l. 47. De adq. heredit. 29. 2.
(4) Voy. Marcel. l. 59. pr. De adq. heredit. 29. 2.
(5) Voy. Const. 7. Just. C. De curat. fur. 5. 70.

il qualité pour cette demande? Ces questions avaient été vivement controversées ; les raisonnements de l'une et de l'autre école ne nous sont point parvenus (*magna et inextricabilis vetustissimo juri dubitatio... juris auctores in utroque latere magnum habuere certamen*). — L'empereur (*Nos utramque auctorum aciem certo fœdere compescentes..*) refuse naturellement toute capacité au furieux ; mais il autorise le curateur à accepter les possessions de biens qui paraissent avantageuses ; il lui en impose même le devoir. D'autre part, il confirme que la succession dévolue au furieux qui ne guérit point, ou qui, une fois sain d'esprit, l'a refusée, passera aux appelés des degrés suivants (1).

§ 3. *De l'administration de la curatelle.*

45. Avant d'entrer en charge, le curateur doit satisfaire à trois conditions. Il doit :

1° Donner caution en présentant devant le magistrat des fidéjusseurs qui garantissent la fidélité de sa gestion.—Jusque-là le curateur ne peut faire valablement que les actes urgents (2); tous les autres actes dont il serait l'auteur sont annulables, à moins qu'ils n'aient tourné au profit de l'aliéné, ce qui permettrait au jour du procès de lui opposer une exception de dol (3). On dispensa plus tard de la

(1) Voy. §§ 3 et 8. Const. 7. Just. C. De curat. fur, 5. 70,
(2) Voy. Const. 5. C. De tut. et curat. qui satis non ded. 5.
(3) Voy. Jul. l. 7, §§ 1 et 2. De curat. fur. 27. 10.

caution, les curateurs qui avaient été nommés par le père de l'aliéné, et ceux dont la fortune offrait des garanties suffisantes (1).

2° Dresser par acte public un inventaire complet de tous les biens de l'aliéné. — Il tiendra ensuite cet inventaire au courant des nouvelles acquisitions (2).

3° S'engager par un serment prêté sur les saints évangiles, en présence du préfet ou du président de la province, de l'évêque et de trois notables, à gérer loyalement et utilement, et à ne rien négliger pour la prospérité des intérêts qui lui sont confiés (3).

46. La maxime générale qui dit que le tuteur est donné à la personne et le curateur aux biens ou à la chose n'empêche pas que, de même que le tuteur, tout en complétant la personne de l'impubère, s'occupe de ses biens, le curateur, sans jamais avoir à augmenter la personne qu'il protége, veille cependant quelquefois à la conservation et aux autres intérêts de l'individu lui-même. Sous ce rapport, le curateur de l'aliéné diffère peu du tuteur du pupille ; ses devoirs portent à la fois sur la personne elle-même et sur les biens de la personne à

(1) Voy. Const. 27. Just. C. De episcop. aud. 1. 4. — §§ 5 et 6. Const. 7. Just. De cur. fur. 5, 70.

(2) Voy. Const. 24. Arc. et Hon. C. De administr. tut. vel. cur. 5. 37. — Const. 27 C. De Episcop. aud. 1. 4. — §§ 5 et 7, Const. 7. Just. C. De carat. fur. 5. 70.

(3) Voy. les deux dernières constitutions citées.

laquelle il est nommé; il est le protecteur de l'un
et de l'autre; *tueri debet non solum patrimonium,
sed et corpus ac salus furiosi* (1). *In eo pecuniaque
ejus potestas esto*, disait déjà la loi des XII Tables;
c'est la *cura plena* des commentateurs (2). Le curateur fera déterminer le lieu de la résidence, fixer
la dépense de chaque année : en un mot, il prendra soin de l'éducation du furieux, de son entretien, de son bien-être, de sa guérison et de toutes
les autres choses nécessaires. S'il s'agit d'une femme
mariée qu'un mari dissipateur laisse sans secours,
il ira trouver le magistrat pour faire imposer à ce
mari la nécessité de contribuer dans de sages pro-
portions aux besoins de sa femme (3).

47. Nous n'avons pas à faire l'histoire souvent
malheureuse des anciennes méthodes de traitement
de la folie. La vertu attribuée à l'ellébore est restée
proverbiale (4). L'art de guérir était aussi confié
aux ministres des cultes, et il y eut des temples re-
nommés à cause des guérisons qui s'y opéraient.
Une des grandes cérémonies en usage dans l'anti-
quité est la *Piatio* (expiation, purification), célébrée

(1) Voy. Jul. l. 7 Pr. De curat. fur. 27. 10. — Cette similitude de
devoirs entre le tuteur et le curateur fait dire à Cujas . « Quamobrem
cum et utrumque hoc loco curator tueri dicatur (a qua re tractum est
tutoris nomen), putem ex XII Tab. aut agnatos, vel gentiles, qui furiosis curatores constituantur non male tutores dici posse, ut et eos
qui pupillis constituuntur. » Comment. in lib. 21. Salv. Julian. l. 7 pr.
(2) Voy. Hermoges, l. 18. De administr. et peric. tut. 26. 7.
(3) Voy. Ulp. l. 22. § 8. Solut. matr. 24. 3.
(4) Anticyram naviget, dit Horace; — Anticyris tribus caput in-
sanabile. — Lafontaine. l. 6. fable 1.

par une prêtresse appelée *Piatrix*, dans le but
de chasser les mauvais esprits qui tourmentaient
le malade (1). — Avec le temps, les médecins
parvinrent à observer d'un regard profond et sûr
le domaine de la pathologie mentale ; ils apprécie-
rent enfin que la thérapeutique morale était un
auxiliaire puissant, et, en plus d'un point, la science
moderne est restée leur fille soumise (2). Mais il faut
constater que parmi les nombreux établissements de
bienfaisance que l'empire et surtout l'empire chré-
tien avait élevés, aucun n'était destiné aux infor-
tunés atteints de folie. Au temps de Justinien, il
y a bien des hôpitaux (*xenones*), — des établissements destinés à nourrir les pauvres (*ptochotrophia*),
— des établissements pour les orphelins (*orphano-
trophia*), — pour les nouveaux-nés (*brephotro-
phia*) — et pour les vieillards (*gerontocomia*) (3),
mais les aliénés ne sont point l'objet d'une sollicitude spéciale ; il n'y a point non plus d'établis-

(1) Voy. Festus. De verbor. signif. v° Piatrix et Piari.— *Piari eos
velat proprio verbo, dit Verrius, qui parum sunt animati, quum
mentis sanæ non sunt, per quædam verba liberantur incommodo.* —
Cette *Piatio* consistait en un sacrifice de porcs ; c'est ce que confirme
le passage suivant de Plaute :

     Me. Responde mihi
Adolescens, quibus hic pretiis porci veneunt.
Sacres, sinceri ? —Cyl. Nummo.— Me Eum a me accipe.
Jube te piari de mea pecunia.
   Nam ego quidem, insanum esse te certo scio.
         (Menechini, act. 2. sc. 2. v. 14-18).
(2) Voy. Esquirol. Diction. des Sc. médic. v° folie. P. 227 et suiv.
(3) Voy. Const. 23. Just. De sacro sanct. Eccles. 1. 2.

sements privés consacrés au traitement de la folie.

48. L'aliéné est gardé par les siens et dans sa propre maison; si les parents ou ceux qui l'ont recueilli (1) ne peuvent réprimer ses accès, l'administration publique est chargée de prendre toutes les précautions pour obvier aux dangers que les furieux et les insensés font courir à l'ordre public et à la sûreté des citoyens. Les présidents des provinces ont mission de les faire enfermer, au besoin, dans les prisons publiques (*carceres*), et même de les faire enchaîner.

49. Que les aliénés soient surveillés dans leurs propres demeures, soignés par leurs parents ou enfermés dans les lieux de détention, les gardiens sont responsables du dommage que ces malades causeront à autrui et des accidents dont les aliénés eux-mêmes souffriront, lorsque ces accidents pourront être imputés au défaut de surveillance (2).

Voilà pour l'individu lui-même. — *Quid* de ses biens ?

50. La théorie de la loi romaine à l'égard des aliénés implique une corrélation de principes entre l'incapacité de ceux-ci et la nature et le caractère des fonctions de leur curateur. Ce curateur n'est pas chargé, comme celui des prodigues ou des mineurs de vingt-cinq ans, de corroborer par son

(1) Voy. Nov. 115. C. 3.
(2) Voy. Ulp. l. 13. § 1. — Macer. l. 14, qui rapporte un rescrit de Marc-Aurèle et de Commode. D. De officio. Præsid. l. 18.

assentiment des actes dont la légèreté de l'âge et le
dérèglement des mœurs de leur auteur porterait à
suspecter la validité. L'aliéné est considéré pour les
actes juridiques, comme n'étant pas présent; le
curateur a par conséquent l'administration des
affaires; il agit pour l'aliéné comme le tuteur pour
son pupille encore enfant; il ne peut pas plus être
question du simple consentement du curateur qu'il
ne peut y avoir d'*auctoritas tutoris* à propos d'un
pupille qui, à raison de son âge, ne peut rien faire
par lui-même; l'un et l'autre, en effet, manquent
de toute volonté. — En état de folie, l'insensé est
absolument incapable d'agir, et son curateur devient alors un procureur chargé de gérer ses affaires.
— Si la raison reparaît, le curateur s'efface pour
laisser au majeur une liberté d'action pleine et
entière. — Aussi, les jurisconsultes hésitèrent-ils
longtemps sur le point de savoir si les fonctions du
curateur ne devaient pas cesser avec la démence
pour recommencer avec elle : Justinien maintint le
principe de cette intermittence. Préoccupé d'ailleurs
des difficultés que présente l'appréciation d'intermittences, si variables et souvent si fugitives, de
l'impossibilité et des inconvénients qu'il y aurait à
nommer des curateurs nouveaux à chaque transi-
tion de la raison à la folie, *ne crebra vel ludibriosa
fiat curatoris creatio*, il décida que la curatelle serait permanente et continue pendant toute la durée
de la maladie : dans les intervalles lucides, l'aliéné

peut passer lui-même tous les actes sans le consenl-
tement de son curateur (1).

51. Les pouvoirs du curateur sont restreints aux
actes conservatoires et d'administration. Il reçoit
les paiements, fait vendre les objets mobiliers susceptibles de détérioration (2) ; il fait révoquer, s'il
y a lieu, les actes passés par le fou antérieurement
à sa nomination (3) ; représente-t-il un père furieux,
à la dissolution du mariage de la fille, il répète la
dot avec le consentement de celle-ci (4) ; il dépose
les capitaux qu'il a reçus, sous peine d'en devoir
les intérêts.

Toute aliénation, surtout à titre gratuit, telle que
la consécration, l'affranchissement des esclaves, la
donation de biens, lui est interdite ; le juge ne peut
maintenir l'acte qu'en considération de sa grande
utilité (5). S'il est nécessaire d'engager ou de vendre
des immeubles ruraux ou urbains pour acquitter
les dettes, satisfaire aux dispositions testamentaires
des parents, prévenir les poursuites d'un copropriè-
taire ou d'un créancier, dans tous ces cas, le curateur est tenu de demander l'autorisation du préteur,
seul juge compétent pour décider l'opportunité de
l'aliénation (6). En l'absence de cette formalité,

(1) Voy. Const. 6. Just. C. De curat. fur 5. 70.
(1) Voy. Const. 22 in fine. Constant. C. De adm. tut. vel. cur. 5. 37.
(3) Voy. Const. 3 Gord. De curat. fur. 5. 70.
(4) Voy. Ulp. l. 22. § 10. Solut. matrim. 21. 3.
(5) Voy. Marcell. l. 12. Gaius, l. 17. De curat. fur. 27. 10. — Pompon. l. 13 De manum. 40. 1.
(6) Voy. Ulp. l. 8. § 1 et l. 11. De reb. eor. qui. 27. 9.

ı acquéreur ou le créancier gagiste n'a plus qu'une action personnelle utile contre l'aliéné, si la somme qu'il lui a versée a contribué à son enrichissement (1). Quand la religion du magistrat a été surprise, la vente ou l'engagement est nul; l'aliéné ou ses héritiers ont, en outre, un droit de recours contre le curateur qui s'est rendu coupable de dol (2).

52. Au cas de plusieurs curateurs nommés sans que leurs fonctions soient spécifiées, ce qui est fait par un seul est-il valable? — Oui, pour les actes qui sont plutôt de fait que de droit: paiement, vente, tradition; un seul curateur agira valablement, le consentement des autres étant présumé, toutes les fois qu'ils n'ont pas manifesté une volonté contraire qui ferait obstacle à la validité. Mais le concours de tous les curateurs doit se rencontrer dans les actes solennels ou légitimes (3).

53. L'exercice des actions qui compètent à l'aliéné appartient activement et passivement au tuteur, il les exerce seul: et c'est contre lui qu'elles sont dirigées.

Nul ne peut se faire représenter par autrui dans les actes juridiques, d'après l'ancien droit: mais l'exception de bonne heure introduite pour le cas

(1) Voy. Const. 2 Gord. C. De cur. fur. 5. 70.
(2) Voy. Const. 5. De præd. et al. reb. minor. 5. 71.—Ulp. 5, § 13. De reb. cor quir. 27. 9.— Paul. Sent. Al Div. Sev. 2. 30.
(3) Voy. Jul. l. 7, § 3. De curat. fur. 27. 10. — Ulp. l. 14, § 3. De solut. 46. 3.

de tutelle (1), devait, par similitude de motifs, s'é-
tendre à la curatelle. Dans les cas où ne s'appliquait pas cette ancienne exception *pro tutela*, le
tuteur et le curateur étaient admis, dit Gaïus, en
qualité de mandataire et sous l'empire des mêmes
règles, à plaider en leur propre nom pour le pupille;
quelquefois on leur faisait remise de la caution *de
rato* (2).

Au titre *de satisdationibus* pr., les Institutes
répètent que d'après l'édit, les tuteurs et les curateurs devaient donner caution comme les procureurs; l'usage les en a dispensés d'abord dans certains cas, puis en règle générale (3). On arriva à
considérer le pupille comme lié par la chose jugée
avec son tuteur, ce qui rendait sans objet la caution *de rato*. Elle ne fut plus exigée des tuteurs ou
curateurs que dans le cas où il n'était pas certain
que le tuteur ou le curateur qui se présentait eût
réellement l'administration (4). Si les tuteurs ou
curateurs plaident, à ce titre, par un représentant,
leur présence *in judicio* ou leur mandat donné en
forme authentique suffit, conformément au droit
commun sous Justinien, pour exempter de la caution le procureur par eux constitué (5).

(1) Voy. pr. Inst. De his per quos ager. poss. 4. 10.
(2) Voy. § 99. Gai. Comm. 4.
(3) Voy. Ulp. l. 1. § 2. De admin. tut. et cur. 26. 7. — Const. 13.
Gord. C. eod. tit. 5. 37.
(4) Voy. Ulp. l. 23. eod. tit. — Theoph. De satisdat. pr. 4. 11.
(5) Voy. § 3. Instit. De satisd. 4. 11.

54. Tant que durent ses fonctions, le curateur
est soumis à l'action *judicati* en vertu des con-
damnations prononcées contre lui au nom du
furieux. Le furieux décédé, on ne donne plus
l'action *judicati* contre le curateur, bien qu'il ait
été jugé et condamné; elle s'intente contre l'héritier
du furieux. De même, le tuteur sorti de ses fonctions, quel que soit l'événement qui les ait fait
cesser, est à l'abri de toute action, même de l'action *judicati*; elle est remplacée par une action
utile qui s'exerce contre le pupille ou ses héritiers (1). En effet, il est de principe qu'un tuteur
ou un curateur relevé de ses fonctions ne peut plus
être actionné en exécution d'une obligation contractée durant son administration pour celui dont
il a géré les affaires, à moins qu'il ne se soit personnellement et volontairement engagé, soit *v. gr.*
en se portant *expromissor* avec novation près des
créanciers du pupille (2), soit en recevant, en son
propre nom, un mutuum, bien qu'il ait employé
les deniers à payer la dette de son administré; dans
ce dernier cas, l'action *creditæ pecuniæ* est régulièrement dirigée contre le tuteur ou le curateur
sorti de fonctions, si le créancier n'a pas prêté en
connaissance de la destination préparée au *mutuum*,

(1) Voy. Papin. l. 5. Quando ex fact. (ut. 26. 9. — Const. 1. Anton.
C. eod. tit. 5. 39.
(2) Voy. Pap. l. 5, loco supra citat. — Ulp. l. 3. § 2. De administ.
rer. 40. 8.

et dans l intention d'avoir le pupille pour obligé (1).

55. La curatelle prend fin dès que le fou a sérieusement et définitivement recouvré l'usage de la raison (2). Elle cesse encore par la mort de l'insensé ou par celle du curateur, sauf que, dans le cas de la mort du curateur, comme dans celui de sa destitution on pourvoit à son remplacement en suivant les mêmes formalités que pour la nomination primitive (3).

56. De l'administration de la curatelle naît, tant au profit de l'aliéné qu'au profit du curateur, afin de débattre les comptes réciproques, une espèce d'action de gestion d'affaires, *utilis negotiorum gestorum actio*. Exercée contre le curateur pour le forcer à rendre compte et à réparer le préjudice causé par ses fautes, cette action prend le nom d'action directe, *directa*; donnée au curateur contre l'aliéné ou ses héritiers pour lui assurer le remboursement de ses avances ou de l'exécution des sentences (*cum fecerit judicatum*), elle est dite *actio contraria utilis* (4).

La curatelle des aliénés n'ayant pas comme celle des impubères une durée promptement limitée, on ne pouvait reporter à la fin de cette curatelle,

(1) Voy. Papin. l. 5, § 1. loc. suprà citat.
(2) Voy. Ulp. l. 1. De curat. fur. 27. 10. — Const. 6. Just. C De curat. fur. 5. 70.
(3) Voy. Const. 7, § 10. Just. C. De curat. fur. 5. 70.
(4) Voy. Paul, l. 1. § 3. De tutel. et ration. 27. 3. — Ulp. l. 1. § 2. De contr. tut. 27. 4. — Ulp. l. 3. § 5. De negot. gest. 3. 5. — Gaius, l. 11. De auct. et const. tut. 26. 8.

c'est-à-dire souvent jusqu'à la mort de l'aliéné, l'exercice de l'action en reddition de comptes. — Les impubères n'agissent qu'après leur vingt-cinquième année ; le curateur du furieux est tenu de rendre compte, même dura + l'exercice de ses fonctions (1).

57. Outre l'hypothèque priviligiée que la loi concède à l'aliéné sur les biens de son curateur (2), celui-ci a par l'action *ex stipulatu* un moyen de recours contre ceux qui se sont engagés en qualité de cautions du curateur, ou l'action subsidiaire contre les magistrats inférieurs qui ont négligé d'exiger caution, ou reçu une caution insuffisante (3).

(1) Voy. Const. 13. Gord. C. De admin. tut. vel cur. 5. 37. - Paul, l. 1. § 3. De tutel. et ration. 27. 3.

(2) Voy. Paul, l. 15. § 1. De cur. fur. 27. 10. — l. 19. § 1, et l. 20, 21, 22. De reb. auct. jud. possid. 42. 5.

(3) Voy. §§ 2 et 4. Inst. De satisdat. tut. vel cur. 1. 24

CHAPITRE II.

DU DROIT COUTUMIER ET DE LA LÉGISLATION INTERMÉDIAIRE.

§ 1. *Du droit coutumier.*

58. « Celui qui est hors de son sens doit avoir administrateur, » dit la coutume de Bretagne (art. 490 ancienne coutume. — Art. 518 coutume nouvelle). *L'interdiction est prononcée* sur instance et à la requête de la femme, des enfants ou autres prochains héritiers présomptifs (art. 491 ancienne coutume. — 519 coutume nouvelle). — « Lorsqu'une personne majeure ou émancipée perd l'usage de la raison... le juge, sur la poursuite de quelqu'un de ses plus proches parents, après avoir constaté la folie par enquête, et pris l'avis de la famille, *lui interdit l'administration de ses biens et lui nomme un curateur* (1). » Quelques coutumes, en raison de l'évidence de l'état de folie, autorisent même les créanciers à provoquer la nomination d'un curateur à leurs débiteurs en démence (2).

59. Les individus atteints de folie sont donc frappés d'*interdiction* ; mesure judiciaire, publi-

(1) Voy. Pothier. Traité des personnes. T. 9, 1ᵉ partie, n. 200.
(2) Voy. Mertal. Traité des minorités. Part. 2, ch. 13, n. 4

que, féconde en humiliations, et pour celui qui en
est l'objet et pour les parents qui la provoquent.
Le droit coutumier présente ce côté original qu'il
avait avisé à certains moyens de la rendre plus
rare. La demande en séparation de biens intentée
contre le mari fut d'un fréquent usage, car il avait
été jugé que la fureur du mari était pour la femme
une cause légitime de séparation ; et l'on envisa-
geait la séparation de biens comme ayant souvent
presque autant d'effet que l'interdiction pour conserver les biens à la femme et aux enfants (1).
L'ancienne jurisprudence offre, en outre, des espèces de *demi-interdictions* par suite d'*accords* qui
modifient la capacité, non pas précisément des personnes débilitées de sens, mais de celles auxquelles
un âge avancé rendait difficile le gouvernement
de leurs affaires. Intervenant entre la personne à
laquelle son grand âge ne permet plus de conserver l'administration vigilante de son patrimoine et
ses parents ou héritiers présomptifs, ces accords
transféraient le gouvernement de la fortune aux
parents, d'ordinaire avec défense d'aliéner ou d'hypothéquer, et conservaient au vieillard lui-même
la propriété et le droit plus ou moins étendu, suivant les cas, de recevoir encore tout ou partie de
ses revenus. Ainsi interdite, la personne était dans
un état analogue à celui du mineur émancipé. —

(1) Voy. Meslé. loc. citat., n. 8 et 16.

Meslé rapporte plusieurs arrangements de ce genre (1).

60. Conformément au droit romain, les mineurs en puissance de leur père, en tutelle ou en curatelle ne reçoivent point de curateur pour démence. Si le malade survit à la minorité, il est d'usage de conférer à l'ancien tuteur les fonctions de curateur (2).

61. L'ancienne jurisprudence manque trop souvent, il faut le dire, de règles nettes et bien précises sur l'interdiction. Il est un cas où l'interdiction fut prononcée en dehors de toute apparence de fureur ou d'imbécillité : la femme veuve, d'une condition honnête et ayant des enfants d'un précédent mariage, qui prétendait se mésallier en se mariant à un homme indigne de sa qualité, était mise en interdiction de ses biens. C'est la disposition de l'art. 182 de l'ordonnance de Blois ; elle fut même invoquée pour faire interdire la femme avant tout mariage contracté, par cela seul que son projet d'épouser paraissait constant et suffisamment établi. De plus, suivant un arrêt du parlement de Bretagne, cette interdiction avait lieu de plein droit, comme conséquence du mariage, sans qu'aucun jugement vînt la déclarer. Mais son effet se bornait

(1) Voy. Meslé. loc. citat., n. 28.
(2) Voy. Domat. Lois civiles, t. 2 l. 2. sect. 1, des curateurs, n. 5. — Pothier, loco citat. n. 201. — Meslé, n. 20.

à empêcher les aliénations, afin de conserver les biens aux enfants; elle n'entraînait pas la nomination d'un curateur (1).

D'autre part, il y eut des espèces d'interdiction qui n'avaient trait qu'à un seul genre d'actions : défense d'entreprendre un procès, défense d'aliéner les fonds sans l'avis d'un conseil, selon que les faiblesses constatées exigeaient tel ou tel remède(2). Quelquefois la nomination a lieu sur la propre réquisition de l'incapable. — Elle est précédée et accompagnée des mêmes formalités que l'interdiction(voir n° suivant); la capacité d'administrer les biens reste toutes les fois qu'elle n'a pas été expressément enlevée.— La différence entre ces deux états, c'est-à-dire entre les pouvoirs et les devoirs d'un curateur ou d'un conseil, est bien tranchée: le conseil ne peut agir pour celui à qui il est donné malgré lui, ni le contraindre à aucun acte; le curateur, au contraire, fait tout en son nom, et sans s'inquiéter de la volonté de l'interdit. — La volonté de l'interdit est nulle ou de nul effet; le conseil ne fait que compléter la volonté de celui qu'il assiste (3).

62. Quand il y a lieu à la curatelle, les coutumes n'admettent pas la curatelle légitime; c'est

(1) Voy. Domat. loc. citat. n. 9. — Meslé, n. 19, et 28 in fine. — Merlin, Rep. v°. Interdict. § 2. n. 2.
(2) Voy. Meslé, n. 28 in fine. — Ancien Denisart, v° Interdict. n. 6. — Merlin, loc. citat. § 1. n. 2.
(3) Voy. nouv. Denisart, v° Conseil nommé par justice, § 2.

toujours la justice qui confère ces fonctions après s'être assurée par l'interrogatoire du défendeur, l'avis des parents et des médecins, et les enquêtes nécessaires, de l'état intellectuel du défendeur aliéné, et de l'incapacité qui en résulte (1). — La même sentence peut désigner une ou plusieurs personnes, magistrats, avocats ou procureurs, qui formeront le conseil du curateur et délibéreront sur les questions d'administration, baux, placements de fonds, constructions, grosses réparations. Le curateur ne peut alors engager l'interdit sans l'approbation par écrit du conseil. Il ne gère seul que ce qui est de l'administration la plus simple (2).

63. L'exclusion du mari, quant à la curatelle de sa femme, si positive en droit romain, ne paraît pas approuvée par les coutumes. L'opinion de Domat est contredite par Louet, par Loisel, par l'ancien Denisart et par la coutume de Bretagne qui déclarent expressément le mari curateur de sa femme interdite (3). Réciproquement, en cas d'interdiction du mari, cette dernière coutume donnait à la femme la capacité d'être appelée au rôle de curatrice, si elle était apte à ces fonctions (Art. 495 anc. cout. — 523 nouv. cout.) D'autres coutumes la considé-

---

(1) Voy. Meslé, n. 4. — Ancien Denisart, v° Interd. n. 12 et suiv. — Pothier, n. 202.

(2) Voy. nouv. Denisart, v° Conseil nommé par justice, § 1.

(3) Voy. Domat. loc. citat. n. 6. — Louet, lettre M. ch. 1. — Loysel, Instit. cout. n. 173. — Ancien Denisart, v° Interdiction, n. 51. — Ancienne cout. de Bretagne, art. 483. — Nouv. cout. 510.

raient comme émancipée par le fait même de l'interdiction du mari (1).

64. Si la maladie mentale ne compromettait pas la sécurité publique, l'individu était ordinairement traité dans sa famille. Chargé du soin des biens et de la personne, le curateur pouvait le retenir auprès de lui ou le mettre en pension dans *telle maison honnête qu'il jugeait convenable*, quand la démence exaltée jusqu'à la fureur n'avait pas fait obtenir du juge que le malade fût enfermé dans une maison de force (2). — Au milieu du dix-septième siècle s'élevèrent dans Paris les grands hospices aujourd'hui uniquement consacrés aux aliénés (les Petites-Maisons, Charenton, Bicêtre, la Salpêtrière) ; cependant ces établissements, où les maladies mentales trouvèrent chaque jour un asile plus vaste, les laissaient encore abandonnées à elles-mêmes et privées de secours bien entendus.

65. La loi romaine n'a pas frappé l'aliéné d'interdiction ; il lui a semblé inutile de défendre à une personne des actes dont le manque de libre arbitre la rend incapable ; et si la démence cesse, elle trouve juste que l'aliéné recouvre, avec la plénitude de sa raison, l'entier exercice de sa capacité civile.

Les coutumes semblent avoir conservé les principes du droit romain, en ce sens qu'elles proclament que la sentence du juge n'est que déclara-

(1) Voy. Meslé, n. 20.
(2) Voy. Pothier, n. 203.

toire, que son effet remonte au temps précis où la
démence s'est manifestée, et que tout engagement
contracté par l'interdit pour démence est nul, s'il est
prouvé que la démence datait d'une époque plus
ancienne. En d'autres termes, c'est la folie qui rend
nuls les actes de l'insensé, et non le décret du juge.
L'information préalable par enquête et visite des
médecins, faisant connaître le temps où la maladie
a commencé, est un élément qui sert à apprécier
la validité ou l'invalidité des actes antérieurs à l'interdiction. — C'est que « *l'état de folie ou de dé-*
mence est aussi connaissable pour les tiers que la
personne même, » dit Meslé; et ailleurs, le même
auteur, d'accord avec D'Argentré, le commenta-
teur de la coutume de Bretagne, en parlant du jugement et de sa publicité, observe que cette mesure, nécessaire pour éclairer les tiers en rapport
avec le prodigue, est loin de l'être au même degré,
en ce qui touche leurs relations avec l'insensé;
« *car, pour ce qui est de l'insensé, l'état où il est*
le fait assez connaître à sa seule présence (1). »

66. Quant aux actes passés pendant les intervalles lucides et après la sentence d'interdiction,
quelle sera leur valeur? Sera-t-il permis de prouver
qu'ils renferment par hasard tous les éléments essentiels de validité?

_____

(1) Voy. Meslé, n. 4 et 13. — Anc en Denisart, v° Interdit., n.
25, 26 et 27.

Le jugement à modifié l'état de la personne et la fait toujours présumer au même état jusqu'à ce qu'un acte d'une égale valeur, c'est-à-dire un nouveau jugement, soit venu détruire l'effet du premier. La folie une fois prouvée, tous les actes faits depuis sont présumés faits en état de folie jusqu'à preuve du contraire. L'interdit est donc placé dans un état de suspicion légale; il y a une présomption de nullité contre ses actes, mais les intéressés peuvent la combattre par la preuve contraire, et le sort de ces actes dépendra du succès de cette preuve.— L'ancien Denisart établit une distinction : s'agit-il d'actes passés dans un temps voisin de l'interdiction, la preuve s'admet facilement. Est-il question d'actes passés à une époque éloignée de l'interdiction, l'allégation de la démence n'étant plus en ce cas soutenue par la vraisemblance que la proximité des actes fait naître, il faut, selon les arrêts et les auteurs, qu'il y ait quelque commencement de preuve par écrit en date de l'époque à laquelle on prétend faire remonter l'imbécillité (1).

67. Par une autre conséquence des principes ci-dessus, lorsqu'au décès du curateur, la famille néglige d'en faire nommer un nouveau, les actes passés postérieurement par l'interdit ne peuvent gagner à cette négligence une validité qui exige d'autres bases : ils restent susceptibles d'être attaqués comme

(1) Voy. Meslé, n. 17. — Ancien Denisart, loc. cital.

entachés de nullité ! Nous aurons à dire (v. ch. viii, § 1) qu'il n'en était pas toujours de même des actes émanés d'un prodigue ainsi laissé sans curateur et sans conseil (1).

68. Dans quelques pays, l'on considérait, en invoquant les textes romains, l'interdiction et les fonctions du curateur comme cessant de plein droit avec leur cause, l'insanité d'esprit du protégé. L'opinion la plus générale fesant régner une certaine harmonie entre les diverses décisions relatives à cette matière, estime, au contraire, l'intervention du juge formalité de rigueur (2). La coutume de Bretagne dispose en ce sens : « L'administration des biens peut être rendue à celui (qui a été déclaré prodigue ou) à qui l'on a interdit l'administration de ses biens, par connaissance de cause et autorité de justice. » — (Art. 497 anc. cout. — 525 nouv. cout.)

§ 2. *De la législation intermédiaire.*

69. L'art de guérir reçoit la plus heureuse impulsion et fait d'immenses progrès, grâce aux efforts éclairés du célèbre docteur Pinel. A côté, la législation, si féconde en innovations et en réformes dans tout autre ordre d'idées, reste stationnaire;

(1) Voy. nouv. Denisart, vᵉ Conseil nommé par justice. § 2, n. 17. — Merlin, Rép. vᵉ Interdict. § 6, n. 5.

(2) Voy. Meslé, n. 17. — Pothier, loc. cit., n. 205. — Merlin, Répert, vᵉ. Interdict. § 7, n. 1.

elle ne crée aucune institution nouvelle en faveur
des aliénés ; elle n'améliore point la situation que
les temps antérieurs leur ont léguée. Elle se préoc-
cupe seulement des dangers qui peuvent troubler
la sûreté publique, et, dans cette vue, elle ne sait
donner à l'autorité municipale que des pouvoirs vagues et mal définis, car la loi du 16-24 août 1790
(Tit. 11, art. 3) porte : « les objets de police confiés
à la vigilance et à l'autorité des corps municipaux,
sont : ... 6° le soin d'obvier ou de remédier aux
événements fâcheux qui pourraient être occasionnés
*par les insensés ou les furieux laissés en liberté et
par la divagation des animaux malfaisants ou féroces ;* » et l'art. 15 de la loi du 19-22 juillet 1791,
sur la police municipale et correctionnelle (répétant
une assimilation injurieuse pour l'humanité), établit des peines contre ;.... 4° ceux qui laisseront di-
vaguer des insensés ou furieux ou des animaux malfaisants ou féroces (1),—sans indiquer les moyens
de prévenir les divagations.

70. L'art. 9 de la loi du 16-26 mars 1790 n'est
qu'une disposition temporaire relative *aux personnes* alors *détenues pour cause de démence,* en vertu
de lettres de cachet. Ces personnes doivent, dans
l'espace de trois mois à compter du jour de la publication de cette loi, être interrogées par les juges
et visitées par les médecins, afin que, d'après la
sentence qui statuera sur leur état, elles soient élar-
gies ou soignées dans les hospices indiqués à cet effet.

(1) Voy. C. pénal, art 475, 7°, et 479, 2°.

CHAPITRE III.

COUP-D'ŒIL SUR LA LÉGISLATION MODERNE COMPARÉE
AUX LÉGISLATIONS ANTÉRIEURES.

71. Les législations précédentes ont également
négligé le soin de la personne de l'aliéné ; elles ne
présentent que quelques prescriptions plus ou moins
vagues et incomplètes en vue de la sécurité publique, et ne s'occupent ni de la protection due au
malheur dans la personne même de l'aliéné, ni des
conditions nécessaires à son traitement ; « l'hospice
était pour l'aliéné une prison, lorsqu'il n'était pas
confondu dans les prisons ordinaires avec les criminels (1). »

L'administration des biens et la capacité civile
est en quelque sorte l'unique objet de leur préoccu-
pation. A cet effet, le droit romain nomme un curateur à l'aliéné sans le dépouiller de l'exercice de

(1) Voy Discours de M. le Ministre de l'Intérieur, présentant la loi
de 1838. Voy. décret du 24 vendémiaire an II (15 octobre 1793). Tit.
des maisons de répressions, art 7 : « Ceux (es mendiants) actuelle-
ment enfermés pour cause de démence, et qui sont aux frais de la
nation, seront transférés dans les nouvelles maisons de répression et
continueront d'être a la charge publique. Il sera libre aux parents de réclamer ceux qui sont à leur frais ou de les laisser dans les maisons de
répression, en continuant de payer leur pension suivant le nouveau
prix qui sera fixé par le directoire du département, d'après la valeur
actuelle des denrées. »

ses droits, et se contente d'annuler les actes faits pendant l'état de démence. Le droit coutumier, qui juge l'aliéné plus sévèrement, prononce l'interdiction, mais il est encore permis de faire reconnaître la validité des actes passés dans les intervalles lucides.

72. Le code Napoléon, expression de sages idées, ne doit pas être le dernier mot du législateur, car il laisse la personne de l'aliéné dans un oubli et dans un abandon presqu'aussi complet que l'ont fait ses devanciers (art. 510). — A l'égard de la capacité, il introduit une réforme capitale.

Moins logique peut-être que la théorie romaine, mais préférable comme plus conforme à l'intérêt des tiers, de la société en général et de l'interdit lui-même, il prévient les difficultés qu'entraîne l'appréciation des intermittences de la folie, les nombreux procès auxquels l'incertitude sur ce point a donné naissance, et les dangers qui en résultent : il frappe d'une interdiction absolue ceux qu'une maladie mentale dûment constatée en justice rend incapables de l'administration de leur fortune, et tant qu'il n'y a pas mainlevée de ce premier jugement, subsiste l'incapacité de participer aux actes de la vie civile (1).

(1) Toutefois le Code civil ne s'occupe *expressément* des individus qu'autant que leur incapacité revêt les caractères de l'imbécillité, de la démence, de la fureur ou de la prodigalité ; tandis que la loi romaine étend positivement sa protection aux sourds, aux muets et aux maladies incurables. Voy. § 4. Inst. De curat. 1. 23.

Une mesure aussi rigoureuse ne doit être mise
en œuvre que dans les cas les plus pressants et les
moins équivoques. Si la loi prescrit aux juges de
priver de l'exercice des droits civils toutes les
fois que la démence, l'inbécillité ou la fureur a re-
vêtu un certain caractère d'évidence et de continuité, elle prescrit d'autre part, d'user de précautions moins sévères vis-à-vis ceux chez qui un
penchant funeste, l'affaiblissement ou le dérangement des facultés, n'a pas éteint tout jugement,
mais qu'il importe de protéger contre les engagements les plus graves et les plus compromettants
pour leur patrimoine (art. 499 et 513).

La faiblesse d'esprit n'est donc plus comme autrefois (1) au nombre des causes d'interdiction ;
elle donne simplement lieu à la nomination d'un
conseil judiciaire, dont l'assistance est obligatoire
pour la validité de certains actes ou contrats limitativement spécifiés par la loi. Heureuse idée que
cette distinction précise et la double série de dispositions qui s'y rattachent, et pourtant loin de
suffire pour embrasser dans une sollicitude propor-
tionnellement distribuée les diverses classes de
victimes de l'aliénation mentale !

73. L'interdiction ou le conseil judiciaire ! L'interdiction d'une application difficile et restreinte,
susceptible d'être provoquée dans quelques cas et

(1) Voy. Anc. Denisart. v° Interdict. n. 9.

par quelques personnes ; pour l'obtenir, une procédure hérissée d'inconvénients, toujours longue et dispendieuse; publicité affligeante pour les familles, formalités dangereuses pour la santé de l'aliéné. Si l'individu est travaillé par des accès d'aliénation qui ne constituent pas un état habituel de folie, il ne peut être interdit (art. 489 C. N.). Il ne peut dès lors, sans procédure ni jugement, être retenu contre son gré dans une maison quelconque afin d'y recevoir les soins qu'exige sa santé. — La nomination d'un conseil judiciaire, avec le même appareil extérieur si redoutable, et remède le plus souvent inefficace !

74. En fait, on vit les établissements consacrés au traitement des aliénés recevoir très-souvent des personnes à l'égard desquels aucun jugement d'interdiction n'avait été rendu.

75. Il manquait donc un moyen terme, qui, échappant aux critiques, sût concilier l'intérêt de la société avec celui de la liberté individuelle, tous deux jusqu'alors souvent compromis; qui, tout en abrégeant les lenteurs et les formalités, autorisât les mesures et prît les dispositions nécessaires pour satisfaire à la triple exigence de la sécurité publique, de l'humanité et de la liberté individuelle; lequel enfin, combinant l'idée philosophiquement rationnelle de la théorie romaine et les règles plus

prudentes et plus réfléchies du Code civil, laissât l'aliéné doué de la liberté d'action compatible avec son état mental, et le sauvegardât contre des engagements préjudiciables à ses intérêts et à l'intérêt des siens.

Tel fut le but de la loi du 30 juin 1838.

Son premier projet, présenté le 6 janvier 1837, fut plus d'une fois modifié par la Chambre des députés et par la Chambre des pairs dans une élaboration attentive. Plusieurs dispositions de cette loi furent inspirées par la législation anglaise (bill des 17 et 25 mars 1828), ou reproduites d'une ordonnance du préfet de police de la Seine (ord. du 1 août 1828) qui embrassait un système entier de règles d'admission des aliénés dans les hospices, e dont l'expérience avait confirmé la sagesse. Si ell n'a pas entièrement atteint son but, du moins elle régularise un état de choses vicieux qui avait pris pied dans la pratique, et comme loi de droit public et administratif, elle est un bienfait incontestable.

76. Nous examinerons plus loin ses dispositions. Qu'il nous suffise de rappeler qu'elle institue dans chaque département des asiles spécialement destinés aux maladies mentales; elle détermine les conditions d'admission des aliénés dans ces établissements et les conditions de leur sortie; elle confie à des personnes désignées par elle ou nommées

par le tribunal, les biens des individus placés dans ces établissements ; elle crée à ces individus eux-mêmes un état juridique que l'on a appelé *mitoyen entre la capacité et l'incapacité.*

77. Sous l'empire de la législation actuelle, les aliénés peuvent être :

Ou interdits ;

Ou placés dans un établissement, soit public, soit privé (Loi du 30 juin 1838) ;

Ou pourvus d'un conseil judiciaire.

C'est dans cet ordre qu'ils doivent être rangés. — Nous traiterons en second lieu de la loi de 1838, quoique ses dispositions soient à la fois judiciaires et administratives, et l'interdiction et le conseil judiciaire appartenant exclusivement au droit civil feront néanmoins l'objet de chapitres séparés (ch. 4, 5 et 7). L'étude serait incomplète, si l'on ne donnait place dans son cadre à la prodigalité, objet d'un chapitre du Code (tit. XI, art 513 à 515), et à quelques mots sur la surdi-mutité qui, à un de ses degrés extrêmes, s'identifie avec l'idiotisme, et comme elle est la mort de l'esprit.

78. Quant aux individus accidentellement ou habituellement privés de raison qui ne sont pourtant atteints par aucune des mesures ci-dessus, ils jouissent du plein exercice de leur droit. L'application des règles du droit commun viendra faire de leurs actes tel bon marché que convenable. En principe , tous leurs actes sont valides; mais ils seront annulés dès qu'il y aura preuve de l'absence de l'une des conditions essentielles à la validité. Ainsi, l'engagement, la donation ou le testament surpris pendant un moment de folie ou de délire seront , la preuve en mains , victorieusement attaqués comme dépourvus de consentement (art. 1108, 901).

CHAPITRE IV.

DES CAUSES D'INTERDICTION SELON LE CODE CIVIL, ET DES FORMES POUR Y PARVENIR.

79. On entend par *interdiction* (interdicere, défendre), l'acte qui prive quelqu'un de l'exercice de ses droits civils, de l'administration de sa personne et de ses biens.

L'interdiction est légale ou judiciaire :

Légale, lorsqu'elle est encourue de plein droit, comme conséquence de certaines peines (art. 29 C. pén.—L. du 31 mai 1854, art. 1 et 2) ;

Judiciaire, lorsqu'elle est prononcée par les tribunaux, soit civils, soit criminels ; par les premiers, contre une personne que son état intellectuel rend incapable de l'exercice de ses droits ; par les seconds, à titre de peine contre l'auteur de telles infractions prévues par la loi pénale ; cette dernière espèce d'interdiction n'enlève que l'exercice de quelques droits particuliers, et ne donne pas lieu à l'organisation d'une tutelle (art. 34 et 42 C. pén.).

Nous nous occupons seulement de l'interdiction judiciaire réglementée par le Code civil (Liv. I, t. XI).

§ 1. *Qui peut être interdit; causes d'interdiction.*

80. L'interdiction ne doit être prononcée qu'avec une grande réserve. Elle prive une personne du libre exercice de ses droits ; elle lui enlève la disposition de ses biens, et la liberté de ses actions ; elle l'humilie aux yeux de ses concitoyens.

81. QUELLES PERSONNES PEUVENT ÊTRE INTERDITES. — L'art. 489 est ainsi conçu : « *Le majeur* qui est dans un état habituel d'imbécillité, de démence ou de fureur, doit être interdit même lorsque cet état présente des intervalles lucides. »

La loi ne mentionne que le majeur. De là, quelques interprètes ont conclu que, conformément au droit romain et au droit coutumier, le mineur, émancipé ou non, ne pouvait jamais être interdit.

D'autres estiment qu'il peut y avoir lieu à interdire les mineurs émancipés seulement. — Nous adoptons une troisième opinion plus absolue, et nous l'adoptons par les motifs qui nous servent à repousser les deux autres: toute personne, soit majeure, soit mineure émancipée ou non émancipée, peut être interdite (1).

On conteste, ainsi que nous le verrons, qu'au nombre des intérêts de cette question, soit celui de priver le mineur de la double faculté de tester à

____

(1) Voy. M. Demante, *Cours analyt*, t. 2, p. 362, *in fine*.

partir de seize ans, et de se marier à partir de dix-huit ans. Celui de l'empêcher de saisir, dès le jour de sa majorité, et pendant la longue procédure qui conduit à l'interdiction, un intervalle de capacité pour souscrire des actes ruineux ou pour ratifier, grâce aux manœuvres des tiers, des engagements imprudents contractés en minorité, est incontestable. Le tribunal de cassation a fait remarquer quelle utilité il y a, sous ce rapport, à pouvoir interdire un mineur (1). D'autre part, en cas de fureur, la nécessité de l'interdiction est irrécusable ; la sécurité publique ne souffre point d'oiseuses distinctions ; elle doit être protégée contre quiconque la menace, majeur ou mineur? Or, s'il est utile, nécessaire quelquefois, de prononcer l'interdiction contre un mineur, pourquoi s'y refuser? La loi ne le demande point ; elle décide implicitement le contraire. — Ainsi : 1° les art. 174 et 175 C. civ. parlent de l'opposition au mariage pour cause de démence ; l'opposition peut être formée par le tuteur ou le curateur avec l'autorisation du conseil de famille, et à la charge de provoquer l'interdiction ; — 2° le conseil d'Etat a rejeté une disposition du projet qui formulait la défense que l'on voudrait faire revivre : « La provocation en interdiction, disait l'art. 39, n'est point admise contre les mineurs non émancipés ; elle l'est contre les mineurs émanci-

(1) Voy. Fenet. t. 2. p. 534 (art. 37).

pés. » C'est article n'existe plus (1) ; — 3° l'orateur du gouvernement (M. Emmery), dans l'exposé
des motifs, déclare « qu'*il peut arriver* qu'une personne soit en tutelle lors de son interdiction ; alors
la tutelle continue. »

L'expression de l'art. 489 (l'unique objection),
est celle du langage naturel de la loi statuant *de eo
quod plerumque fit*. Ce n'est pas là prendre à la
lettre qu'admettre, avec beaucoup, l'interdiction
des mineurs émancipés ; et il en reste de justes
motifs! Ne sera-t-il pas opportun, en certains cas,
de rendre les mineurs émancipés incapables des
actes d'administration? S'il est possible, sans doute,
d'arriver à ce but par une autre voie, en retirant le
bénéfice de l'émancipation, du moins, il faut, pour
cela, qu'il y ait eu une réduction préalable d'engagements excessifs (art. 484, 485). La révocation de
l'émancipation ne saurait même pas conjurer tout
danger, quand le mineur est près d'atteindre sa
majorité; il faudrait donc, coup sur coup, le frapper
de deux mesures différentes : la révocation de l'é-
mancipation; quelques jours après, l'interdiction.
Et néanmoins, l'intervalle qui sépare le jour de
majorité du jugement d'interdiction, ce premier
usage de la liberté, aura pu lui fournir l'occasion
de compromettre son patrimoine!

Pour obvier à ces graves inconvénients, il est
bon de pouvoir prononcer l'interdiction du mineur;

(1) Voy. art. 39 du projet, Fenet. t. 2. p. 96 et p. 531.

— 84 —

la loi est loin de s'y opposer; aux juges d'appliquer cette mesure avec prudence et opportunité? Le tribunal de cassation avait proposé que l'interdiction des mineurs non émancipés ne fût possible « que dans la dernière année de leur minorité (1). » En fait, et dans le silence de la loi, les juges rendront volontairement hommage au bon sens de cette proposition.

82. CAUSES D'INTERDICTION. — Les causes d'interdiction sont définies avec une précision qui prête peu à la controverse; toute infirmité intellectuelle ne doit pas entraîner d'aussi graves conséquences.

En 1803, la science médicale, par l'organe du docteur Pinel, son rénovateur en cette branche, avait déjà jeté les bases d'une classification des maladies de l'esprit, depuis généralement admise ; elle les ramène à quatre types principaux :

« 1° La monomanie ou mélancolie, dans laquelle le délire est borné à un seul objet ou à un petit nombre d'objets ;

« 2° La manie, dans laquelle le délire s'étend sur toutes sortes d'objets, et s'accompagne d'excitation ;

« 3° La démence, dans laquelle les insensés déraisonnent, parce que les organes de la pensée ont perdu leur énergie et la force nécessaire pour remplir leurs fonctions ;

(1) Voy. Fenet, loc. cit. p. 534.

« 4° L'imbécillité ou l'idiotisme, dans lequel les organes n'ont jamais été assez bien conformés pour que les idiots puissent raisonner juste (1). »

Cette division que recommandait le savoir de son auteur, la plus sérieuse que les rédacteurs eussent rencontrée en interrogeant la science à laquelle ils allaient toucher, n'a pas reçu les honneurs du Code civil.

83. L'art. 489, qui a pour but cette même distinction, indique trois causes d'interdiction judiciaire sous ces termes :

1° *L'imbécillité* qui est l'absence d'idées, l'idiotisme ; l'esprit n'a pas la force de concevoir ; son organisation est incomplète ou viciée.

2° *La démence* qui s'accuse par le désordre des idées, et les conceptions déréglées ; résultat non de la faiblesse, mais du dérangement des organes.

3° *La fureur* ou l'état de démence exaltée qui pousse à des actions dangereuses pour leur auteur ou pour la société.

Ces définitions sont à peu près celles données par le tribun Tarrible.

84. Comparée à la classification qui précède, celle du Code civil a subi quelques reproches contre lesquels il est facile de la défendre. La privation du libre arbitre, voilà la cause vraie et unique d'interdiction, celle qu'il importait et qu'il suffisait de

(1) Voy. Dictionn. des sciences médic., v° Folie, Esquirol.

faire comprendre aux juges! Le législateur remplis-
sait assez sa tâche quelques dénominations qu'il
eut employées ; il ne convient point de les critiquer.
La division de Pinel n'avait pas encore reçu l'approbation qui lui est aujourd'hui acquise. L'eût-
elle déjà obtenue, il était permis de ne pas vouloir
user de la phraséologie d'une autre science. Indiquer les traits les plus saillants des maladies mentales qui privent l'homme de sa raison, c'était assez, si de plus, il n'eut pas été nécesaire de laisser
aux tribunaux une certaine latitude d'appréciation
qui les mît à même de plier l'application de la loi
aux circonstances particulières de chacune des
causes qui leur seraient soumises. Le devoir du
juge est moins de se livrer aux recherches scientifi-
ques, que d'examiner en fait, et eu égard au but
légal et judiciaire de la mesure provoquée, si telle
personne conserve encore quelque intelligence des
affaires de la vie, une aptitude convenable pour
pourvoir aux soins ordinaires et communs de l'administration d'un patrimoine... « mediocritatem
officiorum tueri, et vitæ cultum communem et
usitatem...» selon les expressions de l'orateur romain
commentées par d'Aguesseau et par Merlin (1).

85. La monomanie qui n'est point rappelée par
le Code, la faiblesse d'esprit aggravée par l'épilepsie,
celle qu'amène tristement une extrême vieillesse,

(1) Voy. page 11, note 1. — D'Aguesseau, dans la cause de l'abbé
d'Orléans, et Merlin, Répert., v° Démence, § 1.

donneront-elles lieu à l'interdiction (1)?—Il y a là
de pures questions de fait, qui ne sont susceptibles
à *priori* d'aucune solution absolue ; les tribunaux
et les cours d'appel prononceront, à cet égard,
comme un jury, sauf le droit pour la cour de cassation d'apprécier les conséquences légales des
faits déclarés constants, et l'application de la loi à
ces faits.

86. Il en est de même du point de savoir si l'état
de démence, d'imbécillité ou de fureur constitue
un *état habituel*, condition expressément exigée
par la loi (art. 489). Quelques égarements d'esprit,
passagers ou exceptionnels, quelques actes isolés,
une maladie, une passion violente, une affliction
profonde seraient loin de suffire ; quelques accès de
fièvre chaude ne motiveraient plus un arrêt sem
blable à celui que Denisart nous rapporte avoir été
rendu en 1762, *bien que cela ait fait beaucoup de
difficulté* (2). « Mais lorsque la raison n'est plus
qu'un accident dans la vie de l'homme, lorsqu'elle
ne s'y laisse apercevoir que de loin en loin, tandis
que les paroles et les actes de tous les jours sont
les paroles et les actions d'un insensé, on peut dire
qu'il existe un état habituel de démence : c'est alors
le cas de l'interdiction (3). »

(1) Voy. Colmar, 2 prairial an XIII (S. 5. 2. 94). — Riom, 4 mai
18 5 (S. 1826. 2. 118).
(2) Voy. ancien Denisart, v. Interdict., n. 20.
(3) Voy. Expo é des motifs, M. Emmery.

Des éclairs de raison, des intervalles lucides ne sont point une fin de non recevoir. Dire que leur existence ajoute à l'urgence de la mesure, serait un peu côtoyer le paradoxe; ce serait prendre trop hardiment le contrepied de la théorie romaine. Toutefois, il est évident que l'interdiction qui a été prononcée à l'occasion de maladies qui présentent des intermittences, produit un effet nouveau: elle prévient les difficultés et les embarrassantes questions de savoir si, au moment où un acte a été fait, son auteur se trouvait dans un intervalle lucide; car elle ne se borne plus à constater une incapacité naturelle, elle engendre une incapacité qui sera continue et permanente, commençant avec le jugement d'interdiction et subsistant avec lui, tant qu'il dure, sans interruption. De là, cette présomption d'ordre public, *juris et de jure*, que l'on offrirait vainement de détruire par les preuves contraires: l'acte fait en temps d'interdiction est réputé fait en temps d'incapacité.

87. L'incurabilité de la maladie la rend, à coup sûr, un état habituel; les chances de guérison, à l'inverse, ne sauraient, pensons-nous, empêcher de prononcer l'interdiction; la guérison, quoique poursuivie, reste incertaine; serait-elle certaine, le jour où elle sera obtenue reste inconnu, souvent très-éloigné. Que les faits antérieurs attestent un état habituel, et le vœu de la loi est rempli (1)!

(1) Voy. en sens contraire, Dictionn. de médec. et de chirurgie, t. 10. vo Interdict., par M. Foville.

L'état doit être habituel ; il ne suffit pas qu'il
soit passager ou accidentel ; il n'est pas nécessaire
qu'il soit continu et incurable. D'autre part, la
faculté que l'art. 499 accorde aux juges de soumettre le défendeur à un conseil, tout en rejetant la
demande en interdiction, prouve que l'intention du
législateur est de tenir compte des degrés du trou-
ble intellectuel, et de réserver l'interdiction pour
les cas où l'incapacité est générale et presque
absolue.

§ 2. *Des personnes recevables à provoquer l'interdiction.*

88. Il est trois classes de ces personnes (art. 490
et 491) :

1° Tout parent, ascendant ou descendant, qu'il
soit ou non héritier présomptif, est recevable à
provoquer l'interdiction de son parent : tel qui
aujourd'hui n'est pas au degré le plus proche peut
s'y trouver demain.

Hors le cas de fureur, l'interdiction étant autorisée à la fois dans l'intérêt du malade et dans celui de
sa famille, la famille a pour ce motif droit de provoquer l'interdiction. Mais l'intérêt est la mesure de
nos actions ; cet intérêt n'existe pas pour les parents au delà du douzième degré ; la solidarité
d'honneur, d'affection, de fortune ne les réunit
plus ; ils ne seront pas fondés à provoquer l'interdic-

tion. L'art. 400 s'interprète par l'art. 755 : le système entier de la loi est un et harmonique.

89. L'enfant ne manque point au respect dû à son père, en invoquant pour lui la protection de la justice. Qui, plus que lui, est intéressé à la conservation d'un patrimoine dont il est en quelque sorte le propriétaire ? — Depuis la loi du 14 juillet 1849, le parent étranger a aussi intérêt : il a donc qualité.

L'exercice de ce droit, comme celui de tout autre, est subordonné à la condition de la majorité, et se perd par l'interdiction. Tout parent a le droit de provoquer l'interdiction de son parent ; tout parent majeur et non interdit a, *par devers* lui, l'exercice de ce droit ; le tuteur d'un mineur ou d'un interdit, mandataire légal à l'effet d'exercer les droits du mineur ou de l'interdit et de les représenter dans les actes civils, provoquera en leur nom l'interdiction de leurs parents (1).

En conférant le droit aux parents seuls, la loi exclut évidemment tout allié, fût-il un beau-père ou un gendre. La demande en interdiction est, en effet, une action de famille ; or, les alliés n'ont qu'un intérêt douteux d'affection ; d'intérêt direct, pécuniaire ou héréditaire, ordinairement ils n'en ont pas. Il résulte de là qu'un mari ne pourrait pas demander en son propre nom l'interdiction d'un parent de sa femme, et puisque l'action est étran-

---

(1) Voy. Limoges, 20 janvier 1842 (S. 42. 2. 432).

gère aux biens; il doit, pour l'exercer du chef de sa
femme, être pourvu d'un mandat spécial. A plus
forte raison, et contrairement aux dispositions de
plusieurs coutumes (1), ce droit n'appartient pas
aux créanciers de la personne en démence.

90, 2°L'un des époux peut demander l'interdiction
de l'autre (art. 492). Mais le divorce brise les liens
du mariage (art. 227); les époux divorcés ont res-
pectivement perdu leur titre d'époux; ils sont rele-
vés de tous leurs devoirs, déchus de tous leurs
droits. Si, au temps où ce mode de dissolution était
en vigueur, c'est-à-dire avant la loi du 8 mai 1816,
le divorce était venu rompre le mariage, le droit de
l'art. 490 cessant avec la qualité d'où il dérive, le
ci-devant conjoint eût été déclaré non recevable à
suivre la demande déjà formée (2). — La séparation de corps relache simplement les liens du
mariage; les époux séparés sont encore des époux;
l'un a donc qualité pour provoquer l'interdiction
de l'autre; l'obligation réciproque de se fournir des
aliments et la possibilité de la vocation héréditaire
(art. 767) se réunissent pour légitimer cette interprétation littérale du texte de la loi. — Au cas de
séparation de biens par convention matrimoniale
ou par suite de jugement, bien que la femme sé-
parée de biens soit toujours soumise à l'autorisation
de son mari, ce dernier a néanmoins intérêt à pro-

(1) Voy. Mesk', part. 2. ch. 13. n. 4.
(2 Voy. Cass. 24 vendémiaire an XII (S. 4. 1. 65.).

voquer contre elle, soit l'interdiction (soit la nomination d'un conseil judiciaire), parceque l'interdiction a pour but, non seulement de protéger la femme
pendant le mariage en l'empêchant de dissiper sa fortune mobilière, mais encore, dès sa dissolution,
par le même motif qui ferait interdire un mineur
émancipé ou non émancipé (1).

La femme qui veut provoquer l'interdiction de
son mari doit être autorisée par justice, selon les
art. 215 et suivants, parce que l'état du mari ne
détruit pas la puissance maritale(2). Déjà l'ancienne
jurisprudence le décidait ainsi par application de
l'art. 224 de la coutume de Paris (3). — Pareillement, la femme a besoin de l'autorisation soit de
son mari, soit de justice, pour défendre à la demande dirigée contre elle par un autre que son
mari (art. 218). — Quelques arrêts ont jugé qu'en
présence des nombreuses précautions dont la loi
entoure la procédure en interdiction, l'autorisation
spéciale était une formalité superflue pour l'é-
pouse demanderesse (4). Mais cette décision n'a
aucun fondement solide : il est conforme au système
de la loi d'exiger que, par analogie de ce qui a lieu
pour la demande en séparation de biens, la femme
commence par présenter, au président, une requête
à fin d'autorisation (art. 865 C. de pr.).

(1) Voy. Rejet. 4 juillet 1838 (S. 38. 1. 633.).
(2) Voy. Merlin, Répert. vo Autorisat. maritale, sect. 7, n° 16.
(3) Voy. Ancien Denisart, vo Interdict., n. 53.
(4) Voy. entr'autres, Toulouse, 8 février 1823 (S. 23. 2. 130).

91. 3° Le ministère public ; tantôt il use d'une faculté, tantôt il obéit à un devoir.

1° Dans le cas d'imbécillité ou de démence, si l'individu qui en est atteint n'a ni époux ni parents connus, le ministère public *peut* intenter l'action ; ce cas sera souvent celui d'un enfant né hors mariage et que l'absence de toute reconnaissance laisse sans père ni mère. — En tous cas, la preuve de la non existence de parents capables incombe au ministère public ; c'est à lui de prouver qu'il est recevable dans son action (1).

2° Dans le cas de fureur, si l'interdiction n'est provoquée ni par l'époux, ni par les parents, le ministère public *doit* la provoquer ; il est de son devoir de mettre un frein aux excès de l'individu dont l'existence libre serait dangereuse pour la société, compromettante pour la sûreté publique ; il l'accomplira aussi promptement que le danger est pressant, et, dans tous les cas, c'est-à-dire soit que l'individu n'ait ni conjoint ni parents connus, soit que le conjoint ou les parents connus restent dans l'inaction. (Renvoyer aux n° des art. 18 à 24, L. du 30 juin 1838).

92. Ainsi, nous voyons les parents et l'époux (et même le ministère public au cas de fureur), ayant chacun un droit qu'ils peuvent concurremment exercer, si bien qu'un parent du douzième

_____

(1) Voy. Cass. 7 août 1826 (S. 27. 1. 111).

degré est fondé à intenter l'action contre une personne qui a un conjoint et des enfants qui souffrent
en silence et résolus à ne point divulguer leur malheur. Si l'absence d'intérêt inspire rarement aux collatéraux cette démarche, c'est assez qu'elle soit possible pour faire regretter que la loi n'ait pas hiérar-
chiquement réglé l'exercice du droit de provoquer
l'interdiction entre les diverses personnes auxquelles
il compète. Il est vrai que l'interdiction provoquée
par des collatéraux, alors que les parents plus proches
et plus intéressés, époux, enfants ou ascendants s'y
opposeront par des motifs honnêtes et respectables
sera plus difficilement admise par les juges (1).

93. De cette attribution de droits rivaux et
coexistants, résulte encore qu'il y a lieu de se demander si la chose jugée contre l'un de ceux qui
avaient le droit de provoquer l'interdiction et qui
a succombé dans sa demande est opposable à tous
les autres ? — L'art. 1351 donne cette réponse
rigoureuse que l'autorité de la chose jugée n'a lieu
qu'autant que la demande est la même quant à son
objet, quant à sa cause, *entre les mêmes parties,*
formées par elles et contre elles en la même qualité :
«Exceptio rei judicatæ obstat, quotiens *inter easdem*
personas, eadem quæstio revocatur, vel alio genere judicii (2).» Or, ici le nouveau demandeur n'a
pas été partie dans l'instance précédente, donc la

(1) Voy. Besançon, 4 pluviôse an XIII (S. 5. 2. 154).
(2) Voy. Ulp. l. 7, § 4. De except. rei judicat. 44. 2.

chose jugée dans cette instance est pour lui non
venue et ne peut lui être opposée, « cum res inter
alios judicatæ nullum præjudicium faciant (1). » Il
use du droit à lui individuellement et indistincte-
ment concédé par l'art. 490. Sans doute, il y a à
craindre de voir la série des nombreux ayants droit
venir successivement diriger leur action contre le
défendeur, troubler son repos, flétrir sa réputation, l'affliger chaque jour du plus sanglant ou-
trage ! — De deux choses l'une : ou la nouvelle demande s'appuyant sur des faits plus récents, sera
déclarée fondée ; ou le demandeur, subissant le sort
de ses devanciers, sera débouté de ses conclusions.
Si la nouvelle demande est justement dirigée, qu'y
a-t-il à reprendre? — Et si elle est reconnue malin-
tentionnée et vexatoire. l'application des art. 1382
et 1383 ne fera-t-elle pas résoudre le procès en une
attribution de dommages-intérêts au profit du défendeur? L'article du projet (art. 36) qui conférait ce
droit aux tribunaux n'a été retranché que parce qu'il
était une application surabondante du droit commun. — Une somme pécuniaire en réparation d'un
préjudice aussi grave, si préjudice il y a, sera souvent une pauvre garantie, dira-t-on ; mais la loi
n'en offre que de cette nature, même dans beaucoup d'autres cas où l'insuffisance est encore plus
notoire : dura lex, sed lex !

Toute décision différente violerait les art. 490 et

(1) Voy. Ulp. l. 1. eod loc.

1351; elle tendrait à substituer des distinctions arbitraires aux principes du droit commun; elle comblerait une lacune de la loi qu'elle doit se borner à déplorer.

94. Ce serait méconnaître des principes d'un autre ordre que de soutenir la validité des interdictions volontaires, sous quelques formes qu'elles puissent se déguiser. Dans l'ancienne jurisprudence (nous l'avons constaté, n° 61), les actes de cette nature étaient licites; mais aujourd'hui, il est plus expressément prohibé de déroger par des conventions particulières aux lois qui intéressent l'ordre public et qui règlent l'état des citoyens (art. 6 C.N.). L'acte par lequel un individu se déclarerait lui-même déchu de l'exercice de ses droits civils, serait radicalement nul (1).

95. N'y a-t-il pas aussi une espèce d'interdiction volontaire dans le fait d'une personne qui vient demander à la justice sa propre interdiction, ou de lui donner un conseil judiciaire? Il le semble, et rejeter toute idée d'analogie entre cette hypothèse et la précédente, ne serait pas encore réduire à néant les objections qui s'élèvent contre la valeur juridique de tels actes. Il est doux à penser, il est séduisant de dire que rien ne s'oppose à ce qu'un malheureux qui a conscience de son état, profite d'un éclair de raison, et vienne implorer un jugement qui le protège contre sa propre faiblesse, la

(1) Voy. Cass. 7 sept. 1808. Benoît Galli (S. 1808. 1. 469).

fraude et mille dangers. Il est facile d'ajouter que
la loi n'ayant pu songer à ce cas exceptionnel n'a pas
dû le proscrire. — L'art. 490, il ne faut pas l'oublier,
contient une énumération limitative qui doit, à
tout prix, être respectée : sinon, elle serait sans effet.
— Puis, si l'on permet à quelqu'un de réclamer sa
propre interdiction, alors quelle procédure mettre
en œuvre ? Le système du Code civil et du Code de
Pr., que nous tenons un instant pour connu,
résiste impérieusement ; il suppose toujours deux
adversaires en présence : il veut un défendeur ; or,
ici il n'y aurait point de défendeur, il serait donc
impossible de s'acquitter des formalités énumérées
par la loi, second obstacle. — Si le vœu de la loi
eut été d'admettre une semblable instance, elle
eut pris soin d'en régler la procédure : ce qu'elle
n'a pas fait.

Que l'on n'invoque pas l'ancien droit en rappe-
lant que le juge peut nommer un conseil, *sur la
propre réquisition de l'incapable quand il lui reste
assez de raison pour se défier de lui-même* (1), car
le silence du Code prouve l'abandon de ces anciennes
règles. Le projet de l'an vIII disposait, en effet,
que tout majeur qui se croirait incapable d'administrer ses biens, pourrait demander un conseil volontaire, et cette disposition n'a pas été conservée.
— Cela est d'autant plus sensible que le même
auteur de Droit ancien nous apprend (ce qu'il eut été

(1) Voy. Nouv. Denisart, v° Conseil nommé par justice, § 2, n. 1.

7

bien important de reproduire dans un texte moderne en cas d'approbation), que sur la demande
d'un conseil faite par la personne elle-même, il
était d'usage que le juge statuât par simple ordonnance *en son hôtel* ; « la procédure n'offrant rien de
contentieux et n'étant qu'un objet de juridiction
volontaire (1). » — Or, il est difficile de faire une
addition aussi notable, soit, quant au fond, soit
quant à la forme, aux règles tracées par le
Code (2).

SECTION II. — Procédure.

96. La nomination d'un curateur à l'aliéné, qui,
en droit romain, répondait à l'interdiction de notre
droit, ne rentrait pas dans les attributions ordinaires des magistrats. Elle ne se rattachait ni à leur
pouvoir de rendre la justice, en décidant le point
de droit (*juris dictio*), ni à leur pouvoir d'exécution
(*imperium*). Aussi, appartenait-elle à ceux auxquels la loi l'avait spécialement conférée, et n'é-
tait-elle pas soumise aux règles de procédure des
instances judiciaires. Seulement, les magistrats
devaient prononcer *cognita causa*, tout en restant
libres sur le choix des moyens propres à éclairer
leur religion.

(1) Voy. Nouv. Denisart. eod. loc. n. 11.
(2) Voy. en ce sens Merlin. v° Interdict. § 3, et v° Prodigue, § 8.
— Duranton. t. 3. n. 724. — Contrà, Marcadé. art. 491. — M. Demante,
Cours analyt., t. 2, p. 363.

Dans le droit coutumier, les formalités deviennent précises et plus rigoureuses. Elles constituent un véritable procès : la personne qui présente la requête joue le rôle de demandeur; le prétendu aliéné est défendeur. La famille consultée donne son avis sur l'état mental du défendeur. Celui-ci est interrogé par le tribunal, qui procède en outre à une enquête (1). Les médecins sont presque toujours appelés, bien que leur intervention ne soit pas exigée formellement (2). Le jugement est rendu public.

97. Nous retrouvons cette manière de procéder. Le Code civil, et le Code de procédure (Partie II, liv. I, tit. XI), renferment des dispositions qui sont inspirées par une même pensée, et qu'il faut concilier comme si elles étaient le fruit d'une même époque. Ainsi que l'a dit M. Berlier, le Code civil contient plusieurs dispositions appartenant déjà à la procédure qu'il ne s'agissait que de compléter ; le Code de procédure apporte des additions qui sont un développement nécessaire et non un changement (3).

98. Le tribunal compétent pour connaître de l'interdiction qui est une question d'état, est celui du domicile du défendeur (art. 492 C. N., art. 59

(1) Voy. Pothier. Traité des personnes. n. 200, 204 et 205.—Merlin. Rép. v⁰ Interdiction. § 3.

(2) Voy. Merlin. eod. loc. § 4. Conclusions de l'avocat général Lepelletier Saint-Fargeau. — Ancien Denisart. v⁰ Insensé, n. 3,

(3) Voy. Exposé des motifs. C. de procédure.

C. proc.), à moins qu'il ne s'agisse d'une interdiction provoquée par le ministère public pour cause de fureur. En ce dernier cas, le tribunal du lieu où la fureur s'est manifestée est valablement saisi, car les mesures de police et de sûreté sont de la compétence des magistrats du lieu où elles sont nécessaires (1) (art. 3 C, N.).

99. La demande est dirigée contre l'individu à interdire. S'il est mineur, l'on met en cause son père ou son tuteur afin que celui-ci prenne en mains la défense. Intentée contre une femme mariée, le mari sera mis en cause afin d'autoriser sa femme. En cas de refus ou d'absence du mari, l'autorisation de justice résulte du jugement ordonnant la convocation du conseil de famille. C'est ce qui a été jugée dans la matière analogue du conseil judiciaire (2).

100. Il n'y a point d'essai de conciliation : « il serait impossible avec le véritable insensé ; il serait outrageant à l'égard de celui qui aurait conservé l'intégrité de sa raison (3). » Et l'on ne pactise par sur les questions d'état (art. 6 C. civ., art. 49 C. proc.). L'action est introduite sans citation, par une requête présentée au président du tribunal, laquelle articule les faits d'imbécillité, de démence

(1) Voy. Cass. 24. déc. 1838 (S. 1839. 1. 49).
(2) Cette doctrine, attribué à un arrêt de Caen (1er mai 1836), semble très-admissible.
(3) Voy. Discours de M. Tarrible (tribun), devant le Corps législatif.

ou de fureur. Le poursuivant y joint les pièces jus-
tificatives, tels sont les actes ou écrits émanés de
l'insensé, les procès-verbaux qui constateraient des
excès commis dans sa folie. Enfin, elle indique les
témoins (art. 493 C. N., 890 C. proc). Par une
ordonnance apposée au bas de la requête, le président enjoint sa communication au ministère public,
et commet un juge pour faire un rapport à jour indiqué, en la chambre du conseil (art. 891 C.
proc.). Sur ce rapport lu en présence du procureur impérial qui donne ses conclusions, le tribunal peut *de plano* rejeter la demande si les faits ne
lui paraissent pas concluants, si le demandeur
(*v. gr.* un allié) n'a pas qualité (1). Mais quelque
probable que paraisse la vérité des faits allégués,
et quelque concluants que soient les faits articulés,
il ne pourrait *de plano* prononcer l'interdiction. Il
faut qu'il prenne d'abord l'avis de la famille ;
à cet effet, il ordonne par un jugement la convocation du conseil de famille (art. 494 C. N., 892
C. proc.).

101. La mission du conseil de famille est de
donner son avis sur l'état de la personne dont l'interdiction est provoquée. Aussi imprudent il eut
été d'ériger cette espèce de tribunal domestique
juge d'une question d'état, aussi raisonnable il est
d'invoquer les lumières de son appréciation. « Les

___
(1) Voy. M. Colmet d'Aage. Procéd. civ n. 551.

relations habituelles des parents avec le prétendu
insensé les mettent à portée de juger son état, tandis que l'intérêt de la famille balancée entre le devoir de ménager l'opinion publique, et celui de
veiller à la conservation des biens, leur fait un devoir de bien juger » (1).

A la différence de ce qui se passe en matière de
tutelle, la convocation ne peut jamais être requise
par les parents ; elle est ordonnée par le tribunal,
parce qu'elle est un simple acte d'instruction. En
second lieu, l'époux ou l'épouse et les enfants de
la personne à interdire font partie du conseil avant
tous autres. A l'exception de ces deux points, les
règles des art. 407 à 116 C. N. conservent leur empire : le conseil se compose des cinq plus proches
parents ou alliés. L'époux et les enfants peuvent,
à l'égal de tout membre, se faire représenter par un
mandataire (art. 412 C. N.). Mais il pourrait même
se faire excuser si l'on en croit un arrêt, en exci-
pant des seuls motifs de répugnance que leur inspire la mission (2).

102. En principe, ceux qui ont provoqué l'interdiction sont exclus du conseil de famille. « Ils se
sont rendus parties, ils ne doivent pas rester parmi
les juges (3) » ; la loi évite toujours de mettre l'intérêt des hommes en conflit avec leur devoir. Ce-

(1) Voy. Discours de M. Tarrible (tribun).
(2) Voy. Arrêt du 14 juillet 1856. Colmar (S. 37. 2. 231).
(3) Voy. Discours de M. Emmery, au Corps législatif.

pendant, ajoute l'art. 495, l'époux ou l'épouse et les enfants de la personne dont l'interdiction sera provoquée, pourront y être admis sans avoir voix délibérative, c'est-à-dire en ayant voix consultative.

Quelle est la portée de cette seconde partie de l'art. 495? Faut-il en induire que l'époux, l'épouse et les enfants n'ont jamais voix délibérative au conseil de famille? — Les auteurs qui l'ont prétendu, rappellent ou peuvent rappeler: 1° Que le projet (art. 10) disposait que « l'époux et les enfants peuvent être admis au conseil de famille, et n'y ont point voix délibérative encore qu'ils n'aient pas provoqué l'interdiction (1); » 2° que le tribun Bertrand de Greuille, dans son rapport à l'assemblée générale du Tribunat, a dit d'une manière absolue : « Les enfants et l'époux de celui qu'il est question d'interdire, seront aussi privés du droit de prendre part à la délibération du conseil ; » 3° Ils observent avec ce même orateur « qu'il eût été inconvenant et peu moral de les mettre dans la cruelle obligation de prononcer contre un père ou un époux malheureux et humilié qu'ils doivent uniquement et constamment entourer de soins, de respect et de tendresse (2). »

Il faut répondre : 1° L'art. du projet ne se retrouve pas dans le Code : deux fois il a été rejeté ;

(1) Voy. Penet. t. II. p. 91.
(2) Voy, en ce sens, Locré, E puit du Code Nap. art. 494. o. 3.

— 2° Le contexte de la loi exige que la seconde partie de l'art. 495 soit entendue du cas où l'époux ou l'épouse et les enfants sont eux-mêmes, demandeurs, soit en ce que l'époux comme plus proche allié, et les enfants comme plus proches parents, étant les premiers appelés à faire partie du conseil (art. 407 et 408), doivent y avoir voix délibérative, soit en ce que le législateur, après avoir, dans la première partie de l'art. 495, prononcé, par forme de règle générale, l'exclusion des parents provocateurs, ajoute dans la seconde (*cependant...*) l'exception relative aux époux et aux enfants : *exceptio firmat regulam*. Il serait bien inutile, en effet, de dire que, dans ce cas particulier, l'époux et les enfants pourront avoir voix consultative, s'ils n'ayaient pas, en principe, voix délibérative ; le conseil de famille ayant pouvoir de s'éclairer par tous les moyens possibles, par suite de consulter les demandeurs, si l'époux et les enfants n'avaient jamais que voix consultative, la qualité de demandeurs n'aurait rien changé à leur position. — Bien autre est la pensée de la loi. — 3° Il n'y a point inconvenance à admettre l'époux et les enfants (non demandeurs) à donner un simple vote sur l'état mental de leur conjoint ou de leur père, puisque la loi va jusqu'à leur imposer le devoir mille fois plus pénible de demander l'interdiction et de prouver sa démence.

103. Le conseil se réunit sous la présidence du

juge de paix qui a voix délibérative et prépondé-
rante en cas de partage (art. 416 C. N.). Il délibère
dans la forme ordinaire avec pouvoir d'entendre,
avant la délibération, soit le défendeur, soit le demandeur, car il est de son droit d'user de toutes
mesures propres à mûrir sa décision.

104. Sur l'avis du conseil de famille, au sujet de
l'interdiction, le tribunal (cette opinion est toutefois
contestée) peut, avant plus ample informé, débouter
de la demande. Sans interrogatoire l'interdiction
ne peut être prononcée, mais elle peut être rejetée
comme elle aurait déjà pu l'être sur le simple rapport du juge-commissaire et sur les réquisitions du
ministère public (1). Si le tribunal poursuit l'instruction, son premier acte est nécessairement de
procéder à l'interrogatoire du défendeur. Le poursuivant présente requête au président du tribunal
pour en faire fixer le jour et l'heure, et vingt-quatre heures à l'avance (arg. de l'art. 329 C. de pr.),
il fait signifier au défendeur copie tant de l'ordonnance rendue en réponse à la requête, que de la
requête introductive, des pièces y annexées et de
l'avis du conseil de famille (art. 893 1 e pr.).
Dès lors il y a un défendeur constitué; il va fournir
par ses réponses un précieux élément de solution
du procès.

105. L'interrogatoire se fait par le tribunal en-

(1) Voy. M. Colmet-d'Aage. Procéd. civ. n. 553

tier, mais en la chambre du conseil. Il importe de
ne pas affecter trop vivement par l'appareil la timi-
dité présumable de l'individu, et de ménager, sous
toutes réserves, sa réputation et son amour-propre.
L'interrogatoire secret fournit le moyen de considérer attentivement le défendeur ; chacun des juges
peut lui adresser, par l'organe du président, les
questions les plus utiles, et tous étant présents à
ses réponses se pénètrent ainsi de sa véritable situation. — Si le défendeur est hors d'état de se présenter, il est interrogé dans sa demeure par l'un
des juges à ce commis, assisté du greffier. Un procès-verbal constate l'état de l'interrogé qui ne serait pas à même de répondre. Dans tous les cas, la
présence du procureur impérial est de rigueur,
parce que ce magistrat a besoin d'acquérir une opinion exacte sur la situation intellectuelle du défendeur, dans une instance qui intéresse l'ordre public et la capacité des personnes. Du reste, ce n'est
pas trop que, lorsque cet interrogatoire ne peut
avoir lieu en présence de tout le tribunal,
deux magistrats y assistent et basent leur con-
viction sur d'autres et moins fugitives impres-
sions que celles que laisse après elle la lecture
d'un procès-verbal. « Le maintien, l'air, le ton, le
« geste du répondant déterminent autant, et quel-
« quefois plus que ses paroles, le véritable sens de
« sa réponse, qui sera mieux saisi, plus sainement
« interprété par ceux qui l'auront vu et entendu

« faire (1). » Les questions ne porteront pas sur des matières abstraites et spéculatives ; l'interrogatoire roulera, en général, sur l'âge, sur les biens, sur la famille, sur les serviteurs du comparaissant, sur ses besoins, sa dépense, ses revenus et ses ressources, le caractère et les effets des actes d'administration ; il ne s'agit que de s'assurer s'il est apte ou non à gouverner sa personne et ses biens (2).

106. Si le premier interrogatoire a été subi avec présence d'esprit, il peut être procédé à un second et à d'autres encore, les juges ont toute latitude pour accomplir leur devoir qui est d'étudier soigneusement l'état moral du défendeur dont les intervalles lucides ne sont pas une fin de non recevoir contre l'interdiction (art. 489 C. N.). Ils peuvent (ce qui a lieu souvent, malgré le silence de la Loi), le soumettre à la visite des médecins, ordonner une enquête qui supplée à l'insuffisance de l'interrogatoire et des pièces produites à propos de faits de nature à être établis par témoins (Art. 893 C. de proc.). Mais l'enquête diffère de l'interrogatoire, en ce qu'elle n'est pas une formalité inévitable. — Une fois ordonnée, elle a lieu dans la forme ordinaire. — Quand la présence du défendeur paraît sujette à inconvénient, le tribunal ordonne l'audition des témoins en son absence, et se borne à le faire représenter par son conseil.

(1) Voy. Discours de M. Emmery, orateur du gouvernement.
(2) Voy. Toullier. T. 2, n. 1326.

107. En résumé, les pièces et les témoignages produits par le provocateur, l'avis du conseil de famille, les réponses à l'interrogatoire : voilà les trois moyens dont la réunion doit, selon le système de la loi, mettre la vérité dans tout son jour. Dire que le procès-verbal du médecin est une pièce indispensable et la base fondamentale du jugement à intervenir, serait ajouter à la loi (1). Mais la loi du 30 juin 1838 a reconnu l'autorité de ce témoignage et a indiqué par là aux tribunaux une voie d'instruction dans laquelle ils pourront résolûment entrer (2).

108. La complication de la procédure et les délais qu'elle entraîne font longtemps attendre la décision judiciaire. Or, si, tant qu'elle n'est pas rendue, la capacité du défendeur reste entière, il est à craindre que les poursuites dirigées contre lui ne l'engagent à abuser de sa liberté. La loi conjure ce danger en accordant au tribunal la faculté de confier d'office, après le premier interrogatoire et sur les conclusions du ministère public, le soin de la personne et des biens à un administrateur provisoire. (Art. 497, C. N.) Il n'est pas douteux que cet administrateur provisoire puisse être commis à toute époque de la procédure postérieure au premier interrogatoire, même par la cour en cas d'appel du

(1) Telle est cependant l'opinion de M. Fodille. Dictionn. de médecine. T. 10, p. 493. v° Interdiction.
(2) Voy. art. 8, §§ 2, 13, 14, 19, 23.

jugement définitif. Bien plus, il pourrait être nommé par le jugement qui prononce l'interdiction, afin de protéger l'interdit jusqu'à ce qu'il lui ait été nommé un tuteur et un subrogé-tuteur (1). Il est non moins certain que le jugement de nomination d'un administrateur provisoire est susceptible d'appel avant le jugement définitif (2).

Le choix de l'administrateur appartient au tribunal qui n'est pas obligé de nommer un parent. Ses fonctions cessent dès que la demande à fin d'interdiction a été repoussée ou dès que l'aliéné a été pourvu d'un conseil ou d'un tuteur, quand la demande a été déclarée *fondée*. Dans le premier cas, il doit rendre ses comptes au défendeur lui-même; au second cas, c'est au défendeur assisté de son conseil ou au tuteur. — Il est sujet à la contrainte par corps. (Art. 534, C. de pr.).

Les pouvoirs de l'administrateur provisoire se bornent aux actes de pure administration (3).

109. Après les dernières formalités de l'instruction, signification des procès-verbaux, des interrogatoires et de l'enquête est adressée au défendeur avec sommation de comparaître devant le tribunal. Alors, une discussion solennelle déploie dans toute leur latitude les divers genres de preuves et les moyens de défense, éclairant à la fois le tribunal et

(1) Voy. Sirey. 1855. (3e cahier . 1. 161.
(2) Voy. Cass. 10 août 1925 (S. 26. 1. 149).
(3) Voy. aussi Cass. 22 janvier 1855 (S. 55. 1. 161).

le public; et donnant à l'homme provoqué la plus
forte garantie du respect dû à son indépendance.
Le jugement est rendu en audience publique, le
ministère public ayant préalablement donné ses
conclusions.

Déjà des lettres patentes du 25 novembre 1769,
enregistrées en janvier 1770, défendaient à l'avenir, à tous juges de statuer seuls et en leurs maisons
sur les demandes en interdiction, soit consenties,
soit contestées, et sans avoir pris les conclusions
des gens du roi. Mais il était statué en chambre du
conseil (1). Depuis cette époque, les attributions
du ministère public ont pris une considérable extension. Nous le voyons, à raison de la nature et
de la gravité des débats, intervenir comme partie
jointe dans toutes les demandes, provoquer lui-
même l'interdiction en qualité de partie principale,
lorsqu'il n'existe ni épouse, ni parents connus, ou
lorsque les époux et les parents restent inactifs, en
cas de folie dangereuse; assister aux interrogatoires
et donner ses conclusions avant tous jugements définitifs ou non définitifs. Enfin, après l'interdiction,
il prendra communication de toutes les affaires qui
intéressent l'interdit (art. 83, C. de proc.). Et si
cette communication n'a pas eu lieu et que le jugement ait été rendu contre celui en faveur de qui
elle était ordonnée, le jugement peut être rétracté
par la requête civile. (Art. 480-8°, C. de proc.)

(1) Voy. ancien Denisart, v° Interdict. n. 57 et 59.

110. Le jugement rendu contient l'une de ce
trois solutions :

1° Ou il rejette la demande et renvoie le poursuivant des fins de sa requête, les frais restant à sa
charge (art. 130, C. de pr. ; pourtant art. 131). Il
le condamne même, s'il y a lieu, à des dommages
et intérêts. — Le défendeur conserve toute sa capacité.

2° Ou les juges prononcent l'interdiction ; l'interdit supporte les dépens.

3° Ou enfin, le tribunal estimant que le défendeur, sans être d'un état mental qui mérite l'interdiction, n'est cependant pas à même de gérer ses
affaires, use de la faculté de lui nommer un conseil
judiciaire, en vertu de l'art. 499. Les frais sont com-
pensés (art. 131, C. de pr.) (1). — Voy. Ch. VII,
du Conseil judiciaire.

Sage disposition qui ménage à la justice la faculté
de n'employer l'interdiction que dans les cas les
moins équivoques ; elle conserve à l'homme faible
les dispositions de ses revenus, et le met en même
temps dans l'impossibilité légale de compromettre
son patrimoine. Les termes généraux de la loi *(si
les circonstances l'exigent...)* autorisent aussi le
tribunal à nommer un conseil à toute personne qui,
à raison d'une infirmité quelconque d'esprit ou
même de corps, serait jugée devoir en être pourvue.

(1) Voy. arrêt Cass. 5 juillet 1837 (J. P. 1838. 2. 215).

111. Dans les deux derniers cas, le jugement, même susceptible d'appel, est, à la diligence des demandeurs, levé, signifié à partie, et inscrit sur les tableaux qui doivent être affichés dans la salle de l'auditoire et dans les études des notaires de l'arrondissement. Les notaires qui négligent d'exposer le tableau sont passibles de dommages et intérêts vis-à-vis les intéressés (1). D'ordinaire, le tableau placé dans l'auditoire du tribunal et dans les études de notaires avertit simplement le public que cette liste se trouve sur un registre qui est à la disposition de tout réclamant. Et, pour obtenir l'exécution de cette mesure, il n'est point nécessaire de notifier le jugement à tous les notaires: on remet un extrait du jugement au secrétaire de leur chambre qui en donne récépissé et en fait la communication à ses collègues (2).

L'affiche doit être apposée dans les dix jours qui suivent, non pas la signification du jugement, mais sa prononciation. Ce délai expiré, le jugement pour lequel il n'a pas été satisfait à ces conditions de publicité n'est cependant pas sans effet. Cela résulte de l'art. 502; car, si l'interdiction produit effet du jour du jugement et avant l'apposition des affiches, lorsqu'elles n'ont été exposées que le dixième

(1) Voy. art. 18: 1. du 25 vent. an XI.

(2) Les notaires seront tenus de prendre à leur chambre de discipline et de faire afficher dans leurs études, l'extrait des jugements qui auront prononcé des interdictions contre des particuliers, ou qui leur auront nommé des conseils, sans qu'il besoin de leur signifier les jugements. » Décret du 16 février 1807; tarif civil, art 175 (liv. 2. t. 2. ch. 7, n. 7,

jour après le jugement, il est permis d'en conclure
que le jugement produira ses effets indépendamment du défaut absolu d'affiches (1).

Il y a lieu à affichage, même au cas d'appel,
parce que l'arrêt confirmatif fesant produire effet
à la sentence des premiers juges dès le jour où elle
a été prononcée, il est juste que les tiers soient aver-
tis. D'ailleurs, afficher le jugement n'est pas, à
proprement parler, une mesure d'exécution.

Bien qu'il ne soit affiché que dans l'arrondissement du tribunal dont il émane, le jugement frappe
néanmoins tous les actes passés par l'interdit en
d'autres lieux, de même qu'il atteint ceux passés
dans les dix jours accordés pour lever le jugement,
le signifier et l'afficher. C'est à celui qui contracte
hors du ressort de la juridiction de l'interdit à s'imputer sa propre négligence ; on lui applique le principe : *Nemo debet esse ignarus conditionis ejus cum
quo contrahit.*

112. L'art. 92 du tarif civil (décret du 16 février
1807), qui parle de l'insertion du jugement dans
un journal ne peut, par cette mention, créer une
obligation pour les demandeurs. L'insertion n'est
que facultative (2).

113. Quel que soit le jugement, il est susceptible
d'appel.

---

(1) Voy. Contra Toullier. T. 2. n. 1384. — Turin, 20 janvier 1810.
(S. 11. 1. 5).
(2) Voy. M. Demante, *Cours analyt.*, t. 2, p. 273.

Suivant la décision rendue, l'appel sera interjeté :

1° Par le défendeur contre le provoquant, si l'interdiction a été prononcée ; et « la personne dont l'interdiction est provoquée plaide en cause d'appel sans être pourvue de tuteur, car aux yeux de la loi, son état est encore entier, et il ne cesse de l'être que par la décision suprême ou par l'adhésion au premier jugement (1). »

2° Par le provoquant ou par un membre du conseil de famille contre le prétendu aliéné, si la demande a été rejetée.

3° Par l'une ou l'autre des parties ou par un membre du conseil de famille, si un conseil a été nommé ; chacune des parties ayant à se plaindre d'un jugement non conforme à ses conclusions (art. 894 C. de proc.).

Le ministère public peut interjeter appel quand il a été partie principale dans l'instance.

L'appel est suspensif d'exécution, et remet en question la capacité du défendeur qui n'a pas cessé d'être entière.

114. Avant de statuer, la Cour a faculté de faire procéder à un nouvel interrogatoire, si elle l'estime nécessaire. Le commissaire pour ce délégué peut être choisi en dehors de la Cour. La présence du ministère public n'est plus indispensable (art. 500, C. N.).

---

(1) Voy. M. Berlier. Exposé des motifs, C. de procéd.

L'arrêt sera rendu en audience solennelle (1). Ou il confirmera le premier jugement ; — ou il le réformera, soit en rejetant absolument l'interdiction ou la nomination d'un conseil qui a été prononcée ; soit en substituant l'interdiction à la nomination d'un conseil ou réciproquement ; soit en prononçant l'interdiction ou la nomination d'un conseil lorsque le premier jugement a déclaré le défendeur entièrement capable.

L'arrêt qui prononce l'interdiction ou la nomination d'un conseil judiciaire est soumis aux mesures de publicité indiquées plus haut. Libre au défendeur de faire afficher l'arrêt infirmatif du jugement d'interdiction ou de nomination de conseil judiciaire.

Observons que si l'appel est facultatif de la part des parties, le demandeur à l'interdiction ne peut néanmoins s'en désister valablement, pas plus qu'il ne peut se désister de la demande formée en première instance. Le désistement intervenu ne lui enlèverait pas le droit de continuer les poursuites commencées : l'action est intentée aussi bien dans un but d'ordre public que dans l'intérêt de la partie défenderesse (2).

(1) Voy. décret du 30 mars 1808, art. 22. — Cass. 14 mars 1836 (S. 36. 1. 179). — Cass. 29 août 1838 (S. 36. 1. 800).
(2) Voy. Lyon, 14 juillet 1853 (S. 53. 2. 618).

CHAPITRE V.

EFFETS DU JUGEMENT D'INTERDICTION.

115. Le jugement d'interdiction produit des effets *dans l'avenir et dans le passé.*

Dans l'avenir, l'interdiction produit un double effet : 1° elle donne ouverture à la tutelle de l'interdit; 2° elle rend l'interdit incapable de gouverner lui-même sa personne et ses biens.

Dans le passé, en fesant rétroagir, dans la limite déterminée par l'art. 503 la présomption légale d'incapacité.

SECTION 1re.

§ I. *De la tutelle de l'interdit.*

116. La dénomination de *curateur* donnée par le droit romain et par le droit coutumier au protecteur chargé de veiller sur la personne et sur les biens de l'aliéné ne se retrouve plus dans le Code. Il lui a substitué celle de tuteur comme plus conforme aux principes du droit moderne, car «l'interdit est assimilé au mineur pour sa personne et pour ses biens, et les lois sur la tutelle des mineurs s'appliquent à la tutelle des interdits » (Art. 509 C. N).

Nous signalerons cependant entre ces deux tu-
telles plusieurs différences.

117. Tout interdit, même celui qui a encore son
père et sa mère doit recevoir un tuteur. En principe,
la tutelle des interdits est dative, c'est-à-dire déférée par le conseil de famille soit au père ou à la
mère, soit à un autre ascendant de l'interdit, soit
à un descendant ou à tout autre parent, même à
une personne qui lui est étrangère (art. 505, 508).
— Il est vrai de dire qu'il n'y a ni tutelle testamentaire, ni tutelle légitime, sauf l'exception établie par l'art. 505 en faveur du mari qui est de
droit le tuteur de sa femme interdite. Nous savons
qu'à Rome, au contraire, le mari ne pouvait
exercer les fonctions de curateur à l'égard de sa
femme.

D'autre part, la loi déroge à la règle qui exclut
la femme des fonctions de la tutelle (art. 442) en
déclarant qu'en cas d'interdiction du mari, l'épouse
sera non pas tutrice légitime, mais qu'elle pourra
être nommée tutrice par le conseil de famille, si
son intelligence des affaires d'administration se
joint aux sentiments d'une solide affection pour
son mari (art. 507); ce qui se justifie par l'intérêt
qu'a souvent la femme à la bonne gestion des biens ;
elle se trouvera en partie procuratrice *in rem
suam*.

118. Quand l'interdiction frappera un mineur,
sera-t-il nécessaire de lui nommer un nouveau tu-

teur? — Il convient de décider que non; l'état des choses remplit le vœu de la loi; le tuteur existant, soit légitime, testamentaire ou datif sera conservé jusqu'à la majorité de l'interdit. « Il peut arriver que la personne soit en tutelle lors de son interdiction, dit M. Emmery, *alors la tutelle continue*; sinon le tuteur et le protuteur sont établis dans les formes accoutumées. » Mais l'interdit une fois parvenu à sa majorité, il devient inévitable de lui donner un nouveau tuteur, parce qu'il n'est plus protégé comme mineur, mais en tant qu'interdit; parce que la tutelle de l'interdit est généralement dative; enfin parce que le tuteur primitivement donné au mineur, comme mineur, n'est engagé que pour le temps de la minorité.

119. La nomination a lieu après le jugement d'interdiction dont elle constitue l'exécution.

« *S'il n'y a pas d'appel* du jugement d'interdiction rendu en première instance ou s'il est confirmé sur l'appel, il sera pourvu à la nomination d'un tuteur et d'un subrogé-tuteur à l'interdit, suivant les règles prescrites au titre de la minorité, de la tutelle et de l'émancipation » (Art. 505). Par conséquent, tant qu'il n'y a pas d'appel, alors même que l'on se trouve dans les délais de l'appel, le tuteur et le subrogé-tuteur peuvent être choisis. Toutefois, l'art. 505 doit être interprété selon le droit commun; il en résulte: 1° que la nomination du tuteur serait nulle, si elle était faite avant la signification du jugement au défendeur; 2° qu'elle serait également nulle, quoique faite après la signification, si elle avait lieu dans la huitaine du jour du jugement (art. 449, 450 C. de proc.). Mais elle serait valable, si elle avait lieu depuis la signification après la huitaine du jour du jugement, et avant la déclaration de l'appel, car c'est l'appel et non le délai d'appel qui est suspensif de l'exécution du jugement (art. 457 C. de proc.). Que si appel est interjeté postérieurement à la nomination, le tuteur nommé ne doit point s'immiscer dans la tutelle; ses pouvoirs sont en suspens et subordonnés au résultat de l'appel. Dès lors, les actes urgents d'administration sont faits par l'administrateur provisoire qui a pu être nommé par le tribunal de première instance, ou, à son défaut, par celui que nomme la Cour impériale. Un arrêt confirmatif remettrait les choses dans l'état où elles étaient avant l'appel.

120. L'art. 505 dit que la composition et la convocation du conseil de famille chargé de choisir un tuteur et un subrogé-tuteur, sont régies par les règles ordinaires (art. 405 à 420 C. N.). Il n'est pas sans intérêt de remarquer que si la femme qui peut être nommée tutrice, semble à plus forte raison, devoir participer à la nomination, ainsi qu'elle a déjà pris part à la délibération du conseil de famille sur la demande en interdiction (art. 495), la jurisprudence au contraire lui refuse ce droit. La

Cour de Paris décide que la femme de l'interdit, même lorsque ce n'est pas elle qui a provoqué l'interdiction, ne doit pas faire partie du conseil de famille convoqué pour nommer un tuteur et un subrogé-tuteur à son mari. De ce que la loi appelle la femme, même celle qui aurait provoqué l'interdiction de son mari à faire partie du conseil de famille qui doit préalablement donner son avis sur l'état de la personne à interdire, il n'en faut pas conclure, selon cet arrêt, que par là le législateur ait entendu relever la femme de l'exclusion du conseil de famille prononcée d'une manière générale par l'art. 442 (1). Ce mode d'interprétation rigoureuse des textes conduit à décider avec plus de certitude que tout autre parent qui aurait provoqué l'interdiction pourrait néanmoins avoir accès au conseil de famille avec voix délibérative ; il n'y a plus aucun motif de l'écarter ; l'exclusion prononcée par l'art. 495 ne peut être étendue au-delà de ses termes.

Ceux qui ont provoqué l'interdiction peuvent même être nommés tuteur ou subrogé-tuteur, car la loi ne les exclut point. Pour le reste, les causes d'incapacité, d'excuse, d'exclusion et de destitution sont celles énumérées au titre de la minorité (art. 427, 450). Et peut-être faut-il en outre, par analogie de l'art, 394, relatif à la mère survivante,

(1) Voy. Paris. 24 février 1853 (S. 53. 2. 464.).

faire profiter la femme nommée tutrice, de la faculté de refuser ces fonctions, lorsqu'elle trouve la charge trop lourde.

121. Préalablement à son entrée en gestion, le tuteur doit satisfaire aux devoirs suivants :

1° Faire inventaire (art. 451);

2° Procéder à la vente des meubles, suivant l'art. 452.

3° Provoquer le réglement des dépenses de la tutelle (art. 454).

Ajoutons 4° recevoir le compte de l'administrateur provisoire, à moins que l'administrateur lui-même n'ait été appelé à la tutelle.

Les lois sur la tutelle des mineurs s'appliquent à la tutelle des interdits, avons-nous dit. Le tuteur des uns et des autres est chargé de prendre soin de leur personne et de les représenter dans les actes civils (art. 509, 450).

122. Quant à la personne de l'interdit, le conseil de famille est particulièrement chargé de délibérer sur son sort et sur les moyens d'adoucir la triste infirmité dont il est atteint. En déterminant la somme à laquelle pourra s'élever la dépense annuelle, le conseil arrêtera que l'interdit sera traité dans sa demeure, ou qu'il sera placé dans un établissement d'aliénés, soit privé, soit public, selon le caractère de la maladie et l'état de fortune de l'interdit (art. 510) ; car les familles sont libres de faire traiter à domicile leur parent aliéné toutes les

fois que la maladie n'est pas compromettante pour l'ordre public et la sûreté des personnes.

123. Si le conseil de famille a décidé qu'il fallait demander l'admission dans un établissement soit public, soit privé, la demande d'admission est adressée par le tuteur : elle est accompagnée d'un extrait du jugement d'interdiction, d'un certificat de médecin, et de toutes les pièces propres à constater l'individualité de la personne à placer (art 8, loi du 30 juin 1838).

A défaut d'initiative prise par le tuteur et le conseil de famille, le préfet peut, quand la folie est dangereuse, prendre l'initiative et ordonner le placement de l'interdit dans un établissement public. Le commissaire de police ou le maire même, peuvent, en cas de danger imminent pour la sûreté publique, soustraire par leurs ordres l'interdit à la garde du tuteur, sauf à en référer au préfet dans les vingt-quatre heures (art. 18 et 15 id.).

Dès que les certificats des médecins de l'établissement constatent que l'interdit a recouvré la santé, avis en est donné au tuteur auquel il est remis (art. 13 et 17). Mais le tuteur peut seul demander la sortie de l'aliéné avant sa guérison, pour le faire soigner soit dans un autre établissement, soit dans sa famille, et pourvu que l'état de l'interdit ne soit pas compromettant pour l'ordre public (art. 14 et 15). Seul aussi, il peut demander judiciairement la sortie de l'interdit par simple requête au tri-

bunal de la situation de l'établissement où il serait retenu par ordre administratif, et interjeter
appel de la première décision (art. 29). Et s'il est
évident que de nouveaux faits de folie furieuse
permettraient au préfet de faire réintégrer l'interdit
dans la maison de santé, il ne l'est pas moins que,
malgré une première décision contraire du tribunal,
le tuteur pourrait, en articulant de nouveaux faits
de nature à prouver la guérison, renouveler la requête à fin de mise en liberté de l'interdit.

124. La loi prend soin de bannir toute idée
d'une économie sordide sur les dépenses de l'interdit. Rétablir l'usage de ses facultés, obtenir
sa guérison, est, en effet, ce qui importe en première ligne. Ses revenus seront principalement
employés dans ce but : accélérer la guérison ; si
elle n'est pas possible, du moins adoucir sa situation (art. 510). Au cas d'insuffisance des revenus, le conseil de famille profitant de certaines
circonstances plus propices, pourrait bien agir en appliquant une partie des capitaux à cette destination.

125. Rappelons que les pouvoirs du tuteur sont
plus ou moins étendus, suivant la nature des actes
à accomplir, et qu'il est, à ce point de vue, quatre
catégories d'actes :

1° Les uns que le tuteur peut faire seul. — Tels
sont les actes de pure administration, vente des
meubles, location des immeubles, perception des
revenus ; les actes conservatoires, le transfert des

rentes sur l'État d'une valeur inférieure à 50 fr. ; une seule action de la Banque de France, ou des portions d'actions n'excédant pas en totalité une action entière (1); l'exercice des actions mobilières, la défense aux actions immobilières dirigées contre l'interdit ;

2° Les autres pour lesquels l'autorisation du conseil de famille est nécessaire, ce sont : la prise à bail par le tuteur des immeubles du mineur (le subrogé-tuteur doit même intervenir en ce cas) ; le transfert des rentes sur l'État au-dessus de 50 fr., ou de plusieurs actions de la Banque de France (2); l'acceptation ou la répudiation d'une succession ; l'acceptation d'une donation ; l'exercice des actions immobilières, et l'acquiescement à ces actions ; former une demande en partage ;

3° D'autres pour lesquels la loi exige, outre l'avis du conseil de famille, l'homologation du tribunal ou même d'autres formalités accessoires. — Ce sont : l'emprunt, l'aliénation des immeubles à titre onéreux, la constitution d'hypothèques, la transaction sur les droits mobiliers ou immobiliers de l'interdit ; il faut en outre pour la transaction l'avis préalable de trois jurisconsultes ;

4° Enfin, des actes formellement interdits au tuteur, lesquels sont au nombre de quatre, savoir :

(1) Voy. Loi du 24 mars 1806, art. 1. — Décret du 25 septembre 1813, art. unique.
(2) Voy. même loi. art. 3. — Même Décret, art unique.

l'acquisition de créances ou autres droits sur les biens de l'interdit (art. 450); le compromis (art. 1004 et 826° C. proc.); l'achat des biens de l'interdit (art. 1596); leur aliénation à titre gratuit.

126. Au milieu de cette esquisse générale qui justifie la similitude (entre la tutelle des interdits et celle des mineurs) dont parle la loi, se trouvent des traits spéciaux sur lesquels nous devons insister.

Si l'aliéné a des enfants, la loi ne veut pas qu'ils restent victimes de l'humiliant et pénible état de leur père; elle veut leur faciliter les moyens de s'établir. Elle veut, dans cette vue, qu'une autorité bienveillante remplace autant que possible l'affection et la générosité d'un chef qui ne peut plus satisfaire à ce devoir, puisqu'il manque de volonté. Or, le tuteur n'a pas le droit de disposer des biens de l'interdit. C'est donc au conseil de famille que la prévoyance de la loi confie la mission de venir interposer, dans ce cas, son officieuse autorité : il règle la dot ou l'avancement d'hoirie, les avantages et toutes les conventions matrimoniales (art. 511). Ses décisions sont soumises aux conclusions du ministère public, et à l'homologation du tribunal qui s'assure que les sacrifices exigés du père sont raisonnablement basés sur sa fortune.

Mais il faut entendre la loi en ce sens, que, par suite du pouvoir accordé au conseil de famille, les diverses clauses du contrat de mariage, arrêtées par le futur époux, ne dépendent qu'indirectement du conseil de famille du père ; les conventions de l'enfant sont pour ce conseil comme pour tout autre donateur, les éléments de fixation du sacrifice à consentir. Le conseil de famille pourra subordonner la donation à l'adoption de tel ou tel régime, de telle ou telle clause, et non enchaîner la capacité de l'interdit. Ainsi, cet enfant peut seul contracter mariage, s'il est majeur ; sinon, il doit obtenir le consentement de ses père et mère non interdits, de ses ascendants, ou, à défaut, de son propre conseil de famille. De même, s'il a des biens personnels, il en dispose par contrat de mariage, soit seul, soit avec l'assistance de ses ascendants ou de son conseil de famille, suivant l'art. 1391.

127. La situation la plus féconde en particularités remarquables est celle de la tutelle d'un interdit marié. Il importe alors de combiner les règles de la tutelle avec celles de la puissance paternelle et de la puissance maritale.

Ou le mari est tuteur de sa femme interdite ;

Ou la femme est tutrice de son mari ;

Ou un tiers est tuteur de l'un des époux.

128. 1° Le mari tuteur de sa femme exerce à la fois la puissance paternelle, la puissance maritale et la puissance tutélaire. A titre de mari, il conserve le droit de fixer la résidence de sa femme sans l'intervention du conseil de famille. Ses droits sur les biens sont ceux que le contrat de mariage lui a concédés ; il reste le chef de la communauté et

dispose comme précédemment, sans contrôle, des biens qui la composent. — En qualité de tuteur, il prend la gestion des biens que la femme s'était réservés, et c'est pour cette partie seulement de son administration qu'il est soumis aux obligations de la tutelle : nomination du subrogé-tuteur, confection d'inventaire, consultation du conseil de famille de la femme, etc.

129. 2° La femme tutrice de son mari est investie de l'exercice de la puissance paternelle sur la personne des enfants. A la gestion des biens qu'elle s'était réservés, elle ajoute, comme tutrice, l'administration de ses biens propres, des biens du mari et des biens de la communauté. Ses pouvoirs à l'égard de ces derniers varieront suivant les cas, puisque d'après l'art. 507, le conseil de famille règle la forme et les conditions de l'administration, sauf le recours devant les tribunaux de la part de la femme qui se croirait lésée par l'arrêté de la famille.

La loi a-t-elle ainsi voulu permettre au conseil d'étendre les pouvoirs de la femme au-delà des termes ordinaires de la tutelle ? — N'énonce-t-elle, au contraire, qu'une prudente autorisation de restreindre les pouvoirs de la femme et de la soumettre à des conditions plus rigoureuses, toutes les fois qu'elle n'offrira pas des conditions de capacité suffisantes ?

En faveur de la première façon de penser, on

pourrait invoquer, d'une part, la généralité des termes de l'art. 507 qui donne mandat au conseil de régler l'administration sans parler de modifications restrictives ; d'autre part, il serait naturel d'étendre les droits de la femme, puisque sa qualité de commune la rend personnellement intéressée à la gestion.

Il suffit cependant de faire remarquer contre cette doctrine que le droit de la femme d'être tutrice est déjà une dérogation au droit commun (art. 442 C. N.); qu'en conséquence, la loi a dû, plutôt la limiter que l'étendre ; que si l'on peut jusqu'à un certain point comprendre une extension de droits quant aux biens de la communauté, cette extension devient exorbitante et inexplicable quant aux biens du mari ; qu'enfin, la dernière partie de l'art. 507, en accordant à la femme un droit de recours contre le vote du conseil de famille ne laisse pas de doute à l'égard de sa portée générale. C'est parce que la femme peut se trouver souvent blessée dans son honneur et dans son intérêt par le règlement du conseil qu'il lui a été permis d'en faire prononcer en justice la réformation.

La femme tutrice doit faire inventaire de tous les biens de la communauté ou des biens propres au mari. Pour l'aliénation de ces biens ou même de ses biens personnels dont le mari a la jouissance, elle doit requérir l'avis du conseil de famille et l'homologation du tribunal.

130. 3° Un tiers est tuteur de l'un des époux
interdits. Le principe est que le tuteur n'exerce
aucun des droits attachés à la personne en qualité
d'époux ou de mari.

1° L'interdiction a frappé le mari. Dans ce cas, la
puissance paternelle passe à la femme, qui devra s'a-
dresser à la justice toutes les fois qu'elle aura besoin
de l'autorisation maritale. — Le tuteur a l'administration des biens du mari, de la communauté
et de ceux dont la femme ne s'était pas réservé
la gestion ; il a en outre l'administration des biens
des enfants dont le mari a la jouissance légale.

2° C'est la femme qui est interdite. Le mari
excusé, exclu ou destitué de la tutelle, conserve la
puissance paternelle et la puissance maritale, avec
tous les droits qu'il avait auparavant sur la communauté et sur les biens personnels de la femme.
Le tuteur a simplement l'administration des biens
qui, d'après les conventions matrimoniales, étaient
soustraits à l'autorité maritale.

131. La mainlevée de l'interdiction met, dans
dans tous les cas, fin à la tutelle. — L'art. 508
établit une seconde cause toute spéciale d'extinc-
tion de la tutelle. « Nul, à l'exception des époux, des
ascendants et descendants, n'est tenu de conserver
la tutelle d'un interdit au-delà de dix ans ; à l'expi-
ration de ce délai, le tuteur pourra demander et
devra obtenir son remplacement. » Cette disposi-

tion s'explique par la nature même de la tutelle
de l'interdiction qui; sans terme fixe, peut se pro-
longer indéfiniment et devenir une charge fort
onéreuse pour celui à qui elle est confiée, si la loi
ne prend soin d'en limiter la durée. Quant au mari
ou à l'épouse, à l'ascendant ou au descendant, en
gérant la tutelle, ils n'obéissent pas à un devoir
nouveau, que leur impose la loi; l'obligation de
défendre l'être infortuné qui les touche de si près,
leur est imposée par la nature et par la morale, et
ils ne voudront pas enfreindre des préceptes aussi
sacrés tant qu'ils auront la possibilité de les accomplir.

132. A la fin de sa gestion, le tuteur rend compte
soit à l'interdit ou à ses héritiers, soit à un nouveau tuteur. Les intérêts du reliquat dû par le tuteur, courent de plein droit, sans demande, à dater
de la clôture du compte. Les intérêts des sommes
dûes par le mineur ne courent que du jour de la
sommation de payer qui a suivi la clôture du
compte (art. 474). Toutes les actions que l'interdit
a contre son tuteur à raison de sa gestion, les actions en reddition, en redressement ou en rectifi-
cation de compte, sont garanties par une hypothèque légale qui porte sur tous les immeubles du
tuteur et dont l'existence remonte au jour de l'acceptation de la tutelle (art. 2121, 2135).

Rappelons enfin que l'action réciproque à laquelle

donne lieu la reddition de compte, se prescrit au profit du tuteur par dix ans à partir du jugement de mainlevée, et au profit de l'interdit selon les délais du droit commun (art. 475, 2262).

§ 2. De l'incapacité de l'interdit.

133. L'interdiction modifie l'état de la personne en la plaçant dans les liens de la tutelle ; désormais le tuteur représente l'interdit dans tous les actes de la vie civile et agit en son nom. Pour sanction de ce pouvoir conféré au tuteur au préjudice de la liberté d'action dont jouissait précédemment l'interdit, l'art. 502 porte : « L'interdiction (ou la nomination d'un conseil) a son effet du jour du jugement. Tous actes passés postérieurement par l'interdit (ou sans l'assistance du conseil) seront nuls de droit. » — Non pas d'une nullité absolue qui équivaut à la non existence ; car il est impossible de concevoir une nullité sur laquelle l'autorité judiciaire ne soit pas appelée à prononcer, à moins de supposer les parties de bonne foi et d'accord ; or, comme une des parties soutiendra toujours la validité, il faut faire intervenir les tribunaux, non pour créer la nullité, du moins pour la constater. Mais quand un acte n'est qu'un pur fait, *merum factum*, dénué de toute existence légale, chaque personne ayant intérêt peut l'attaquer et faire déclarer qu'il n'a aucune valeur et qu'il n'en a jamais eue.

Rien, ni le temps, ni la volonté expresse des parties, par une ratification ou une confirmation, ne
peut lui donner la force d'une convention obligatoire : nul aujourd'hui, il le sera toujours. — Telle
n'est point ici la pensée de la loi ; les actes faits par
un interdit ne sont pas nuls ou inexistants ; ils ne
sont qu'annulables. La nullité qui les entache est
simplement relative et temporaire, c'est-à-dire qu'é-
tablie dans l'intérêt de l'interdit, elle ne peut être
invoquée que par lui ou ses représentants (art.
1125) ; qu'elle ne peut être utilement demandée
que pendant dix ans à compter de la cessation de
l'interdiction ou de la mort de l'interdit (art. 1304).
Ce temps écoulé, elle est couverte aussi bien qu'elle
pourrait l'être par une confirmation ou une exécution volontaire art. 1338). Quant au droit des tiers,
il se réduit à une action de *in rem verso* pour empêcher que l'interdit qui invoque la nullité, ne
s'enrichisse à leur détriment : Jure naturæ æquum
est neminem cum alterius detrimento et injuria fieri
locupletiorem (art. 1312) (1). — Sous ces rapports,
les actes faits par un interdit sont assimilés à ceux
qui émanent d'un mineur. Ils en diffèrent sous un
autre, et c'est cette différence que la loi semble indiquer, lorsqu'elle dit que les actes faits par l'interdit sont nuls de droit.

134. Les actes émanés d'un mineur ne sont, en

(1) Voy. l. 206. Pomp. Dig. De div. reg. juris. 50. 17.

effet, annulables que pour cause de lésion , tandis que ceux d'un interdit peuvent être annulés pour cause d'incapacité, indépendamment de toute lésion. Et cette différence résulte de la cause de l'incapacité, la minorité ne supposant que l'inexpérience de l'âge : l'interdiction , au contraire, reposant sur une présomption légale d'insanité d'esprit qui ne tient pas compte des intervalles lucides.

135. En nous exprimant ainsi , nous sommes obligé d'écarter la doctrine qui enseigne que si l'interdit n'a pas sa raison au moment précis où il fait l'acte, cet acte est radicalement nul, inexistant; et que, dès lors, à quelque époque que l'une ou l'autre des parties vienne à demander aux tribunaux d'en prononcer la nullité, cette nullité doit être déclarée (1). — Il semble étrange, au premier abord, que l'interdiction ait pour effet de donner à un acte des chances de validité qu'il n'a pas selon le droit commun , si l'on ne devait reconnaître que la loi, précisément en vue de prévenir les contestations, a établi, au sujet de ces actes, une théorie spéciale qui exclut l'application des principes ordinaires. La règle d'annulabilité , disons-nous, s'étend uniformément à tous les actes postérieurs au jugement, et les tiers ne peuvent repousser la demande en nullité, en alléguant que

(1) Voy. Marcadé. sur l'art. 502, n. 2.

l'acte attaqué a été passé dans un intervalle lucide, pas plus qu'ils ne peuvent prétendre qu'un de ces actes est absolument nul comme passé dans un moment de folie.

136. Les termes de l'art. 502 *(tous actes)* repoussent aussi toute tentative d'exception au principe d'annulabilité qui règne dès le jour du jugement, dès l'instant de sa prononciation à l'audience. Il résiste à l'opinion qui, distinguant d'après la nature des actes ceux dont le tuteur est capable et ceux dont l'exercice inséparable de la jouissance exige le fait de la personne elle-même, tels sont la reconnaissance d'un enfant naturel, le mariage, le testament, tous actes pour lesquels le tuteur n'a pas qualité, laisse ces derniers sous l'empire du droit commun et les déclare valables s'il est prouvé qu'ils sont le fruit d'une intermission. En vérité, le but de la loi est de protéger l'interdit, non de le frapper et d'en faire un mort civilement; mais ce but serait complètement manqué, si les actes les plus graves étaient abandonnés aux caprices de l'interdit. Lui défendre de prendre part aux moindres actes d'administration, et lui permettre de reconnaître un enfant naturel, de se marier, de tester, tous actes auxquels préludent si souvent l'intrigue et les manœuvres intéressées, serait accorder la protection en raison inverse du besoin et de l'importance des actes. — De là, dans les cours des travaux prépa-

ratoires, la suppression du 1° de l'art. 3 (Titre,
du Mariage) qui annulait expressément le mariage
de l'interdit ; les dispositions de cet article n'étant
que « des conséquences naturelles de la règle, qui
« exige pour le mariage un consentement valable »
a dit le consul Cambacérès (1). — Les art. 174, 2°
et 175 fournissent encore un autre argument (2).

137. Si les parties tiennent pour constant que
les actes ont été passés en état d'interdiction, l'application de la loi ne souffre pas de difficultés. Il en
est de même quand l'acte est authentique, car il fait
foi de sa date jusqu'à inscription de faux, alors que
la question soulevée est une pure question de date ;
la nullité étant obligatoire pour le juge qui ne peut
se dispenser de la prononcer dès qu'on lui fournit
la preuve que l'acte a été fait depuis l'interdiction
et avant la mainlevée. L'acte est-il sousseing privé,
sa date est encore certaine dans les trois cas énumérés par l'art. 1328 ; l'interdit ou ses héritiers ne
peuvent demander sa nullité comme postérieur au
jugement ; la preuve de son existence ferait tomber
leur action. Mais quand l'acte n'a point reçu date
certaine, et que sa date constatée est d'une époque
antérieure au jugement, les créanciers menacés
peuvent-ils répondre à l'action en nullité en lui op-
posant le principe de l'art. 1322, à savoir que
l'acte sous seing privé reconnu a la même foi que

(1) Voy. Fenet. t. 9. p. 8 et 12.
(2) Contra. M. Demolombe. t. 8. n. 633 et suiv.

l'acte authentique entre ceux qui l'ont souscrit, leurs héritiers et ayants cause? — Nous ne le pensons pas. La règle de l'art. 1322, quelque générale qu'elle soit, n'est applicable que lorsqu'il s'agit de personnes capables; lorsqu'il s'agit d'incapables ou d'une capacité qui est elle-même en question, l'invoquer n'aboutirait qu'à un cercle vicieux: ce serait s'appuyer sur la date pour conclure à la validité du consentement, et sur le consentement pour soutenir que la date est véritable; ce serait dire à la partie interdite : c'est parce que vous avez consenti à signer cette date que cette date est réputée vraie; or, justement la loi présume qu'il n'y a pas eu de consentement ! L'art. 1322 doit donc nécessairement être laissé de côté, sinon la protection de la loi pour l'in- terdit ne serait plus qu'une lettre morte. En droit et en raison, il faut poser, en principe, que les actes sous seing privé, hors les cas de l'art. 1328, ne faisant pas foi de leur date, ne peuvent pas être retournés contre l'interdit qui conteste leur validité, en vertu de l'art. 502. Les tribunaux apprécieront les faits pour ensuite maintenir ou annuler l'acte. Toutefois, la vérité se présume: les adversaires n'ont qu'à contredire la preuve de l'antidate que fournit le demandeur.

138. La manière dont se forment les quasi-contrats révèle les règles à leur égard. Mais l'usage de la raison qui n'est pas requis chez les personnes lpar lesquelles ou envers lesquelles sont contractées es obligations qui naissent d'un fait licite d'autrui,

est nécessaire chez celles dont le fait engendre le quasi-contrat (1). Il est aussi une condition de la malignité ou de l'imprudence qui produit les délits et les quasi délits. Les aliénés, sauf les cas d'intervalles lucides (l'art. 502 est sans application, en pareil cas), ne sont donc pas civilement responsables des faits illicites dont ils se rendent auteurs vis-à-vis les tiers; c'est le tuteur ou ce sont les autres personnes chargées de veiller sur l'interdit qui deviennent responsables et peuvent être passibles de dommages et intérêts.

139. Il serait inexact d'induire que l'interdit est de plein droit dégagé de toute responsabilité envers la loi pénale. Le jugement rendu par les tribunaux civils ne lie pas les juges criminels. Ceux-ci conservent le droit d'examiner la question de culpabilité du prévenu interdit, de même que les tribunaux civils peuvent refuser de prononcer l'interdiction d'un individu après qu'un arrêt de cour criminelle l'aurait acquitté d'une accusation comme atteint d'aliénation mentale. « La question de savoir s'il y a lieu de faire interdire le prévenu, dit un arrêt de cassation du 9 décembre 1814, est absolument indépendante de celle de savoir s'il y a lieu de le poursuivre pour les délits qui lui sont imputés, et ne peut, par conséquent, être préjudicielle. En matière criminelle, la loi qui donne aux juges le droit de décider s'il y a crime ou délit, leur donne,

(1) Voy. Pothier. Obligat. n. 115 et suiv.

par cela même et nécessairement le droit de décider
si l'accusé ou le prévenu est par son état moral, capable de l'intention perverse sans laquelle il ne peut
exister ni délit ni crime (1). » Mais dès que les juges reconnaissent, en fait, que l'infraction a été
commise dans un moment où l'agent était privé
d'intelligence et de volonté, ils ne doivent pas con-
damner. Suivant l'art. 64 du Code pénal, il n'y a
ni crime ni délit lorsque le prévenu était en état
de démence au temps de l'action : *fati infelicitas
excusat* (2.

140. L'ancienne jurisprudence qui décide que
l'insensé, du reste, à l'abri de toutes peines crimi-
nelles, ne doit point être affranchi des dommages
et intérêts qui résultent de ses délits (3), est remar-
quable encore en ce qu'elle ne permettait pas aux
premiers juges de décharger les accusés de crimes,
sous prétexte de démence ou de fureur. Les arrêts
leur ordonnaient, au contraire, de juger conformément à la rigueur des lois et ordonnances, sauf à la
Cour d'ordonner, sur l'appel, l'instruction de ce
fait justificatif. De 1732 à 1738, trois arrêts consa-
crèrent cette manière de procéder moins favorable à

(1) Voy. S. 15. 1. 284.
(2) Voy. Modest. l. 12. Ad leg. Cornel. de sicar. 48. 8. Ulp. l. 3. § 1.
De inj. et famos. libellis. 47. 10 et Macer. l. 14. De offic. præsid. 1. 18.
(3) Voy. ancien Denisart. v° Furieux. n. 5. et v. Insensé. n. 3. —
Merlin. Rép. v° Blessé. § 3. n. 4.

l'accusé et à ses défenseurs que le système actuel (1)!

141. Quelques autres dispositions relatives aux effets de l'interdiction, sont éparses dans nos lois.

L'interdit est privé de l'exercice des droits politiques (2). Il a son domicile chez son tuteur (art. 108). Il est incapable lui-même d'être tuteur (art. 442, 2°). Il ne peut être exécuteur testamentaire (art 1028). Son incapacité met fin à la société qu'il aurait contractée (art. 1865, 4°). Le dépôt par lui fait avant son interdiction ne peut être restitué qu'à son tuteur (art. 1940). S'il est mandataire, le mandat est révoqué (art. 2003). Ses immeubles ne peuvent être mis en vente par expropriation forcée, avant la discussion du mobilier (art. 2206). Enfin, la prescription ne court pas contre lui (art. 2252), sauf ce qui est dit à l'art. 2278, et dans les autres cas déterminés par la loi. Le principe de la suspension de la prescription était l'objet de controverses dans l'ancien droit ; un arrêt du parlement de Toulouse, du mois d'août 1657, décide que la prescription sommeille pendant l'interdiction pour imbécillité ; telle est aussi la jurisprudence du parlement de Paris (3).

D'un autre côté, Bretonnier tenait pour la néga-

(1) Voy. ancien Denisart. v° Démence. n. 6.— V° Furieux, n. 6. — Cependant l'on s'appuie généralement sur l'autorité de Jousse, pour dire que le droit des premiers juges de constater la démence au temps de l'action, était une règle suivie. — Chauveau et Hélie. Théorie du Code pén. t. I. ch. XIII.

(2) Voy. art. 2 et 5 de la Constitution du 22 frimaire an VIII.

(3) Voy. Merlin. Rép. v° Prescription. Section I. § VII. art. II. Quest. 3.

tive (1), qui est également enseignée par Pothier (2). — Mais tous, ils étendaient sans difficulté aux aliénés non pourvus de curateurs, la
règle : *Contrà non valentem agere non currit
præscriptio.*

L'interdiction du mari, par elle seule, ne donne
pas à la femme droit d'obtenir la séparation de
biens (art. 1443 et 1563).

142. Le jugement d'interdiction produit aussi
des effets dans le passé.

C'est que ce jugement ne crée point l'incapacité
de l'interdit : il ne fait que la reconnaître et la notifier au public. Elle vient d'une cause antérieure
au jugement, c'est-à-dire de l'état d'imbécillité
dans lequel l'individu se trouvait déjà à l'époque
de la demande en interdiction ; ce jugement constate, sous certaines modifications aggravantes,
une incapacité préexistante. Toutefois, l'interdiction ne peut avoir sur les actes antérieurs au jugement qui l'a prononcée un effet aussi radical que
sur les actes postérieurs. — D'après les principes,
un acte juridique est nul toutes les fois qu'il a
manqué à sa formation un des éléments essentiels,
soit le consentement de l'une des parties (art.
1108). Si l'une des personnes était hors d'état de
manifester sa volonté au moment où elle a contrac-

(1) Voy. Bretonnier sur Henrys. t. 2. p. 735.
(2) Voy. Pothier. Obligat. n. 693.

té, l'acte n'a point d'existence ; il a manqué de se former : les deux parties peuvent faire prononcer la nullité à quelque époque que ce soit, sauf à celle qui la demande d'établir directement le défaut de volonté au moment même de l'acte. — Par dérogation à ces principes, mais comme complément de la théorie de l'interdiction, et pour lui assurer une entière efficacité, la loi, conforme jusqu'à un certain point au droit coutumier (1), permet à l'interdit et à ses représentants d'obtenir la nullité des actes antérieurs au jugement d'interdiction, en prouvant qu'à l'époque où l'acte a été fait, l'état d'imbécillité, de démence ou de fureur existait *notoirement*, sans qu'il y ait, d'ailleurs, besoin de spécifier s'il y avait ou non usage de la plénitude de la raison à l'instant même où il a été contracté (art. 503).

Ne voit-on pas d'ordinaire les familles, dans l'espérance d'une guérison prochaine, hésiter longtemps avant de recourir à une mesure à la gravité de laquelle ajoute encore l'humiliation que l'opinion publique fait rejaillir sur les parents ? Or, l'aliéné peut avoir passé de nombreux actes préjudiciables à ses intérêts ; peut-être en a-t-il passé durant l'instance. La protection trop tardive dont on l'entoure deviendrait illusoire, si la prévoyance de la loi n'autorisait l'annulation des *actes antérieurs* au jugement, en conférant aux juges un pou-

(1) Voy. ancien Denisart. v° Interdit. n. 27.

voir discrétionnaire, dès qu'il est prouvé que la
cause d'interdiction existait, et qu'elle était de notoriété publique, lors même que le tiers n'aurait pas eu
personnellement connaissance de la folie. « Celui qui
contracte avec une personne notoirement incapable
est notoirement de mauvaise foi ; son ignorance
tout à fait invraisemblable ne peut se justifier. »
Aux juges, du reste, de peser toutes les circonstances
qui ont précédé ou accompagné l'acte, sa nature,
ses conséquences plus ou moins dommageables, la
bonne foi plus ou moins grande des tiers contrac-
tants. L'acte a-t-il été passé à la campagne ? La notoriété y est plus supposable qu'à la ville. — La
maladie mentale est-elle continue ou intermittente ?
— L'acte est-il de beaucoup antérieur au jugement
d'interdiction ? Le long temps qui s'est écoulé
entre les actes attaqués et l'interdiction, a toujours
été considéré comme un préjugé très-fort en faveur
de leur validité (1). — Qu'ils n'oublient pas non
plus de prendre en sérieuse considération l'intérêt
rival des individus qui ont contracté avec une personne en possession de son état et de sa capacité.
— La preuve de la notoriété incombe à celui qui
attaque la validité de l'acte : elle sera fournie par
tous les moyens possibles (art. 1341, 1348, 1353).
Mais l'enquête qui a eu lieu lors de la procédure

(1) Un arrêt du 1er juillet 1755 confirme une donation faite par la du-
chesse de La Force, cinq ans avant son interdiction Merlin, Rép. v°
Interdiction. § 6. n. 9.

en interdiction, ne fait pas foi contre les tiers qui ont contracté antérieurement à l'interdiction ; elle n'a pas porté sur le même fait ; les tiers n'ont pas été appelés à contredire. Il faut une nouvelle enquête.

Voici donc la différence entre les actes postérieurs et les actes antérieurs au jugement. Les premiers doivent nécessairement être annulés par cela seul qu'ils ont été faits depuis le jugement ; nulle autre preuve n'est à faire ; les juges n'ont aucun pouvoir discrétionnaire ; la question des intervalles lucides ne peut pas être soulevée. — Les seconds au contraire, ne sont annulables qu'autant qu'on apporte la preuve des deux conditions dont nous avons parlé ; et cette double preuve faite, les juges peuvent, suivant les circonstances, ou annuler l'acte ou le maintenir.

La personne qui n'a jamais été interdite peut-elle demander la nullité d'un acte en prouvant qu'à l'époque de la confection de cet acte, elle était dans un état habituel de démence ?

La négative résulte du texte de l'art. 503, qui ne traite que des actes faits par une personne qui a été interdite et suppose l'existence du jugement d'interdiction comme condition nécessaire pour donner ouverture à l'action rétroactive. En sens inverse, l'affirmative résulte des premiers mots de l'art. 504, qui reconnaît implicitement que la personne elle-même peut, de son vivant, attaquer ses actes pour cause de démence, bien que son interdiction n'ait jamais été ni prononcée ni provoquée. La divergence sur la question, telle que nous la posons, est d'une importance qu'il ne faut pas exagérer ; car en adoptant la négative, on ne conteste point que la personne qui n'a jamais été interdite puisse attaquer pour cause de démence les actes dont elle est l'auteur, en prouvant sa démence au moment même où l'acte a été passé: la démence est destructive du consentement, et le consentementest la première des conditions essenielles à la validité des contrats (art. 1108). Mais (et c'est ici que les opinions se séparent), cette personne prouve-t-elle seulement qu'elle était au temps de l'acte, dans un état habituel et notoire de folie, il y aurait encore, selon nous, présomption de sa capacité au moment de l'acte, jusqu'à la preuve positive du contraire. — Loin de là, si l'on veut appliquer à cette hypothèse l'art. 503, l'état habituel de démence et sa notoriété une fois prouvés, le doute s'interprète contre le défendeur : les juges ont pouvoir d'annuler l'acte.

143. La loi s'occupe, dans une dernière disposition, des actes passés par un individu décédé qui n'a jamais été interdit. Quel est le droit des héritiers? Ont-ils l'action en nullité pour cause d'insanité d'esprit de leur auteur?—En équité, l'individu contre lequel on n'a pas cru devoir intenter l'action

en interdiction, est censé avoir joui jusqu'au dernier moment de la plénitude de ses facultés. Il ne peut être permis de troubler ses cendres, d'injurier sa mémoire par des recherches rétroactives. Il a contracté parce qu'il en avait le droit, le pouvoir, la volonté qui ne lui ont jamais été contestés. Avec sa vie, s'est aussi évanoui le moyen le plus sûr de résoudre le problème de sa capacité. Enfin, il aurait été trop dangereux de livrer à la cupidité des héritiers et à l'incertitude de quelques preuves équivoques, le sort d'un engagement que l'auteur ne peut plus venir défendre.—Ces considérations dont nous instruisent les travaux préparatoires (1) expliquent pourquoi la loi refuse aux héritiers le droit d'attaquer pour cause de démence les actes de leur auteur décédé non interdit. L'art. 504 n'admet d'exception que dans trois cas : lorsque l'interdiction a été provoquée ou prononcée avant le décès, ou lorsque la preuve de la démence résulte de l'acte même attaqué.

On ne peut vraiment qu'envisager comme une espèce de témoignage de l'intégrité des facultés intellectuelles d'un individu, le silence de tous les parents qui l'ont laissé en possession de son état ; et lorsqu'ils veulent faire anéantir des volontés qui leur sont défavorables, on peut leur répondre : *serò*

(1) Voy. Rapport fait par le tribun M. Bertrand de Greuille, et le discours de M. Tarrible, devant le Corps législatif.

accusas cujus mores probasti. L'ancien droit reconnaissait bien en principe qu'une demande tendant à contester l'état d'une personne décédée *integri statûs* ne devait être accueillie qu'avec beaucoup de réserve ; que la preuve ne pouvait alors être ordonnée qu'autant que des motifs graves et déterminants la rendaient admissible. Toutefois les coutumes ne traçaient aux juges aucune règle précise (1).

144. La simple présentation d'une requête suffit, aux termes de l'art. 493, pour que l'interdiction soit provoquée. Le décès du défendeur est un événement qui ne doit pas priver les héritiers de leur droit. S'ils ont agi par calcul, la veille du décès, et pour se ménager le moyen d'attaquer les actes, il est du devoir des juges de maintenir une loyale application de la loi en déclarant la provocation non sincère et non sérieuse (2).

La demande rejetée, périmée ou suivie d'un désistement, d'abandon exprès ou tacite, est considérée comme non avenue : on n'est plus dans le cas de l'art. 504.

145. Le second cas d'exception, celui où l'interdictio n'a été prononcée, fait double emploi avec l'art. 502 qui déclare que tous les actes passés postérieurement sont nuls ; l'art. 504 s'exprime même avec moins de netteté que le premier de

(1) Voy. ancien Denisart. v° Interd. n. 25.
(2) Voy. Paris. 13 juillet 1808 (S. 1809. 2. 221.).

ces deux articles ; il n'accorde qu'une faculté aux juges , il ne leur impose plus un devoir. Pour découvrir un sens spécial à cette exception, il faudrait l'entendre du cas où l'interdiction prononcée, un jugement de mainlevée serait intervenu avant le décès de l'individu dont les actes sont discutés. Il importe, dirait-on, d'autant plus d'autoriser en ce cas l'annulation des actes que, dans les maladies mentales, les rechutes sont fréquentes, et que sans cette disposition spéciale, il est impossible de les infirmer. Malheureusement rien n'engage à croire que cette interprétation présente la véritable pensée de la loi. L'examen de la rédaction ne sert qu'à dissuader.

146. Enfin, la troisième restriction de l'art. 504 s'explique d'elle-même. Quand l'acte attaqué décèle lui-même la démence de son auteur, la preuve de l'incapacité du contractant est irréfragable: elle est indépendante du témoignage incertain des hommes ; or, la justice ne peut consacrer des actes qui appartiennent évidemment à la folie.

147. L'art. 504 s'applique aux actes à titre onéreux; s'applique-t-il de même aux actes à titre gratuit, donation ou testament? En d'autres termes, l'art. 901 crée-t-il une théorie particulière aux testaments et aux donations; son but est-il de déroger au principe de l'art. 504? Ces derniers actes peuvent-ils toujours être annulés pour cause d'insanité d'esprit?

Cette question prête à une vive controverse.

D'une part, l'art. 504 s'exprime en des termes
généraux qui excluent toute distinction. Les actes
à titre gratuit, plus que tous autres, donnent occasion aux procès que l'art. 504 veut éviter. Exiger que celui qui fait une donation soit sain d'esprit, n'est que rappeler une règle du droit commun,
ainsi que le fait l'art. 1108, relativement aux contrats. De là, on conclut que l'art. 504, s'applique
aux actes à titre gratuit.

D'autre part, nous dirons avec une jurisprudence plus constante (1): il est impossible de nier
que l'art. 503 ait trait exclusivement aux actes à
titre onéreux, puisqu'il exige une condition de
notoriété, qui ne se concevrait pas quand il s'agit
d'un testament; les légataires ne sont pas partie
au testament; ils reçoivent la libéralité à leur insu;
aucune faute ne peut leur être reprochée. La rédaction de l'art. 504, qui est la même, n'a pas une
portée différente; il ne s'occupe donc ni des donations, ni des testaments. Ces actes peuvent être
attaqués, bien qu'ils ne portent pas en eux-mêmes
la preuve de la démence de leur auteur, bien que
l'interdiction n'ait été ni provoquée ni prononcée
contre le disposant. Des considérations puissantes
veulent que les libéralités restent soumises à toute
la rigueur du droit commun, tandis que les contrats méritent la protection de la loi, et que leur

---

(1) Voy. 26 mars 1822. Rej. (S. 22. 1. 349.); 22 nov. 1827. Rej.
(S. 28. 1. 187.).

solidité importe à l'ordre social. Si l'on interroge
les documents qui éclairent sur l'intention du législateur, ils répondent que l'art. 901, dans le projet du Code soumis à la discussion du Conseil
d'Etat, portait une seconde partie ainsi conçue :
« Ces actes (donations et testaments) ne peuvent
« être attaqués pour cause de démence que dans
« les cas et de la manière prescrite par l'art. 504. »
Elle fut critiquée par le consul Cambacérès, et re-
tranchée sur ses observations. Les orateurs du
Conseil d'Etat déclaraient en même temps que ces
deux art. étaient indépendants l'un de l'autre ; que
l'art. 504 est seulement appplicable aux contrats
onéreux, et suppose un état habituel de démence ;
que l'art. 901 s'occupe au contraire de l'état du
disposant au moment même du testament et de la
donation ; réduit à son premier alinéa, il s'harmo-
nise mieux avec les dispositions du Code, généralement favorables aux héritiers légitimes (1).

SECTION II. — Quand finit l'interdiction.

148. L'interdit qui a recouvré la raison est admis
à reprendre l'exercice de ses droits, après avoir fait
prononcer la mainlevée par le tribunal. Afin de
s'assurer de la nouvelle capacité de l'interdit, et ne
pas se préparer des regrets par une démarche pré-
cipitée et fondée sur des apparences mensongères,

(1) Voy. Fenet. t. XII. p 29.6. — Locré. art. 504 et 901.

la même circonspection mise en usage à propos de la demande en interdiction, présidera au jugement de mainlevée : « la mainlevée ne sera prononcée qu'en observant les formalités prescrites pour parvenir à l'interdiction. » (Art. 512). « Nihil tam naturale est quam eo genere quodque dissolvero, quo colligatum est (1). »

Ainsi : requête au président ; communication au ministère public ; nomination d'un juge rapporteur ; avis du conseil de famille ; interrogatoires réitérés de l'interdit ; enquête, s'il y a lieu ; puis jugement public sur le fond après les conclusions du procureur impérial ; telle est, en résumé, la procédure (2).

Le silence de la loi sur les personnes qui ont qualité soit pour demander la mainlevée, soit pour y défendre, est embarrassant. Nul doute cependant que l'interdit lui-même puisse présenter requête (3); il semble également sans danger d'accorder ce droit au tuteur, ou à l'un des parents.

Le tuteur n'a point reçu de la loi mission de contredire. Pour ce motif, la Cour suprême décide que « le conseil de famille et le ministère public sont les véritables contradicteurs sur cette demande et les seuls qui soient nécessaires aux termes de

(1) Voy. l. 35. D. 50. 17. De regulis jur.
(2) Voy. n. 98 et suiv.
(3) Ainsi décidé par arrêt du 21 mars 1781. — Voy. Merlin. v° Interd. § VII, n. 4, et v° Prodigue, § VI, n. 4.

la loi (1). » D'accord en ceci avec M. Toullier, il ne faudrait plus songer avec lui à faire cesser les effets de l'interdiction parce qu'au décès du tuteur, les parents auraient négligé d'en faire nommer un autre (2).

149. La demande en mainlevée doit être portee en audience solennelle (3).

Il n'est plus nécessaire de donner publicité au jugement de mainlevée. Il importe moins d'apprendre aux tiers la capacité d'une personne que son incapacité ; et l'on peut s'en remettre à cette personne elle-même du soin de faire connaître le nouveau jugement de mainlevée qu'il lui suffira de représenter quand elle voudra contracter.

(1) Voy. Cass. 12 fév. 1816 (Sirey. 1816. 1. 217).
(2) Voy. Toullier. t. 2. n. 1354. — Voy. pour l'ancien droit, et ci-après ch. VIII, § 1.
(3) Voy. Cass. 23 juill. 1845 (S. 45. 1. 781.).

CHAPITRE VI.

DES ALIÉNÉS NON INTERDITS ; LOI DU 30 JUIN 1838.

150. Nous avons dit que la loi du 30 juin 1838 introduit des améliorations importantes dans la condition des aliénés. Elle remédie à l'abandon dans lequel le soin de leur personne avait jusque-là été laissé ; elle supplée à l'insuffisance de l'interdiction, seule mesure légale offerte par le Code Napoléon, ne s'appliquant qu'à l'état habituel de démence, avec une procédure lente et dispendieuse, d'une publicité retentissante que les familles redoutent, et capable, peut-être, d'encourager les progrès des maladies qu'un traitement actif combat avec avantage dès le début.—Il était arrivé souvent que les familles, pour se soustraire à ces inconvénients de la législation de 1804, avaient, sans nul jugement d'interdiction, fait enfermer leurs malades dans des établissements de santé. Ces séquestrations étaient arbitraires et illégales. Cependant l'autorité publique tolérait cet état de choses en considération de son utilité.

151. La loi du 30 juin 1838 régularise cette situation acceptée par les mœurs, et dont la science médicale proclame les incontestables avantages. —

Il s'agit d'individus que l'on ne veut pas ou que l'on ne peut pas faire interdire. Elle donne les plus grandes facilités pour le placement de ces personnes dans les établissements d'aliénés destinés à les recevoir et à les soigner. Elle autorise les familles à y déposer les malades interdits ou non ; elle prescrit même ces placements pour les cas où l'autorité publique les juge nécessaires. — Eminemment protectrice de la liberté individuelle, elle assure par des précautions multipliées le respect qui lui est dû ; elle veut que nul ne puisse, sous prétexte d'aliénation mentale, être privé de la libre disposition de sa personne. Elle prévient les séquestrations arbitraires et les autres abus. Elle organise en outre en faveur de l'aliéné, le soin de sa personne et l'administration de ses biens.

152. Les établissements d'aliénés sont ou publics ou privés.

Chaque département est tenu d'avoir un établissement public destiné à recevoir et à soigner les aliénés, ou de traiter, à cet effet, avec un établissement public ou privé, soit de ce département, soit d'un autre département.

Nul ne peut diriger ni fonder un établissement privé sans l'autorisation du gouvernement.

L'autorité publique dirige les établissements publics. Elle surveille les établissements privés par de fréquentes inspections.

Examinons successivement les principales règles

elatives : 1° à l'admission dans les établissements d'aliénés ; 2° à l'état des personnes placées dans ces établissements ; 3° à la sortie de ces établissements.

Nous avons déjà indiqué les dispositions particulières à l'aliéné interdit. (V. n° 123.)

§ 1. *De l'admission dans les établissements d'a   és.*

153. Les placements sont forcés ou volontaires, selon que l'état d'aliénation de l'individu est ou non dangereux et compromettant pour l'ordre public et la sûreté des personnes.

154. Les préfets ordonnent d'office, par décision motivée, le placement dans les établissements d'aliénés de toute personne interdite ou non interdite atteinte de folie furieuse. — En cas de danger imminent attesté par le certificat d'un médecin ou par la notoriété publique, le maire peut ordonner toutes les mesures provisoires nécessaires à la sûreté publique, à la charge d'en référer sur-le-champ au préfet (art. 19). Les aliénés sont placés dans un hospice ou dans un hôpital, dans une hôtellerie ou dans un local loué à cet effet, sans jamais pouvoir être déposés dans une prison, ou être conduits d'un lieu dans un autre en compagnie de condamnés ou de prévenus (art. 24). L'autorité publique qui ordonne le placement d'office peut, pour les mêmes causes, convertir les séquestrations volontaires en

placements d'office en décernant un ordre spécial à l'effet d'empêcher la sortie.

Avis de ces divers ordres est donné à la famille de l'aliéné.

155. Les placements volontaires ont lieu à la requête des familles libres de demander place pour l'aliéné dans un établissement public ou dans un établissement privé, ou de le traiter à domicile. Ce dernier mode de traitement est reconnu pour être le moins efficace. Il peut aussi voiler de graves abus; assurément, le ministère public devrait intervenir, s'il savait l'aliéné soumis à un régime inhumain.

Le projet du gouvernement proposait d'exiger une autorisation préalable de l'autorité publique pour effectuer l'isolement de l'aliéné. Cette intervention de l'autorité publique a été écartée comme devant entraîner un retard souvent préjudiciable à la guérison, et comme superflue en présence de la responsabilité qui pèse sur les familles et sur les directeurs des établissements (1).

Il suffit d'adresser une demande d'admission aux directeurs ou préposés des établissements publics ou privés; elle sera accompagnée:

1° D'une pièce contenant les noms, profession,

(1) Voy. rapport de M. Vivien. Duvergier, Collect. des lois. 1838. p. 501.

Âge et domicile tant de la personne prétendue alié-
née que du requérant, et la nature des relations de
celui-ci avec l'aliéné ;

2° D'un certificat délivré (sauf les cas d'urgence)
quinze jours au plus avant sa remise par un médecin qui constate l'état mental du malade et la nécessité de le tenir renfermé dans un établissement
d'aliénés (1) ;

3° D'un passeport ou de toute autre pièce propre
à constater l'individualité de la personne à placer.

Ces pièces doivent être soumises au timbre (2).

Répétons que le tuteur d'un interdit doit en plus
fournir un extrait du jugement.

La loi ne détermine pas d'une manière restric-
tive quelles relations doivent exister entre l'aliéné
et celui qui forme la demande d'admission. Elle se
borne à exiger de ce dernier qu'il indique le degré
de parenté ou à défaut de parenté, la nature des relations qui existent entre lui et l'aliéné (art. 18).

156. Un aliéné pourrait, dans des intervalles
lucides, demander lui-même son placement dans
un établissement public ou privé, en présentant
un certificat de médecin. Le but principal du pla-

(1) Si, dans le cas d'urgence, il y a dispense de présenter un certificat de médecin au moment du placement dans un établissement public, ce certificat doit néanmoins être produit ensuite, puisqu'aux
termes de l'art. 12, il doit être transcrit sur les registres de l'établissement. Un membre a fait cette observation, qui a été répétée par
M. le président de la Chambre des députés.
(2) Voy. Loi du 13 brumaire an VII. Arg. de l'art. 12.

cement est, en effet, le traitement et la guérison de
l'aliéné ; la modification que nous verrons en résulter pour l'état civil est tout-à-fait secondaire.

157. Les prisonniers atteints d'aliénation mentale obtiennent entrée par les soins du préfet ; les
militaires, par les soins de l'intendant.

158. Attentive au principe de la liberté individuelle, la loi exige que le bulletin d'entrée soit en-
voyé dans les vingt-quatre heures, avec un certificat du médecin de l'établissement, au préfet, au
sous-préfet ou au maire, selon la commune de la
situation de l'établissement. Si la personne a été
placée dans un établissement privé, le préfet, dans
les trois jours de la réception du bulletin, désigne
un ou plusieurs hommes de l'art pour visiter la
personne désignée, et faire un rapport sur son état
mental. Dans le même délai, le préfet envoie au
procureur impérial du domicile de l'aliéné et à celui de la situation de l'établissement, les noms de
l'aliéné et de la personne qui a requis le placement.
Quinze jours après l'entrée, le directeur adresse au
préfet un second certificat du médecin de la maison. Un registre spécial contient les noms, prénoms,
pofessions et autres qualités des individus séques-
trés, la date de leur entrée, les rapports mensuels
du médecin sur leur compte : il est présenté au visa
des personnes recevant de la loi mission de visiter
les établissements (art. 9 à 12). Enfin, les directeurs ou préposés responsables sont tenus d'adres-

ser au préfet, dans le premier mois de chaque se-
mestre, un rapport du médecin de l'établissement,
sur l'état de toute personne qui est retenue, sur la
nature de sa maladie et les résultats du traitement.
Le préfet statue sur chacune individuellement, ordonnant sa maintenue ou sa sortie (art. 20). —
Cette série de formalités minutieuses explique comment ou a pu, sans décison judiciaire préalable,
autoriser, selon l'art. 8, de fréquents placements
volontaires.

La surveillance du ministère public est destinée
à contrebalancer le droit de séquestration de
l'autorité administrative, et à prévenir les abus qui
pourraient en résulter. Le procureur impérial, s'il
l'estime à propos, à quelque époque que ce soit, se
pourvoira donc d'office afin de faire ordonner par
le tribunal de la situation que l'aliéné soit immé-
diatement rendu à la liberté (art. 29).

§ 2. *Etat et capacité de la personne placée dans*
un établissement d'aliénés.

159. Trois sortes d'agents peuvent être préposés
à la protection des intérêts des personnes placées
dans un établissement d'aliénés. Le système de la loi
consiste dans la nomination 1° d'un administrateur
provisoire pour les biens, 2° d'un mandataire spécial quand il y a lieu à représentation en justice,

3° d'un curateur à la personne, et dans la faculté accordée par l'art. 39 relativement aux actes passés par l'aliéné durant son séjour dans l'établissement.

Observons qu'il est deux principes dont l'application domine cette matière : — l'un, que, dans tous les cas où le tribunal est saisi, il statue en chambre du conseil (art. 29, 31, 38); l'autre, que le ministère public doit toujours être entendu lors même que l'instance concerne une personne non interdite (art. 40).

160. L'administration provisoire des biens des individus placés dans les établissements *publics*, est déférée légalement aux commissions de surveillance qui désignent un de leurs membres pour s'en acquitter à l'égard de chaque individu (art. 31). — Cette administration provisoire est analogue à la tutelle des enfants trouvés conférée par la loi du 15 pluviôse an XIII.

L'administrateur ainsi désigné n'a pas le maniement des fonds appartenant à l'aliéné. Il est seulement chargé de procéder au recouvrement des créances et à l'acquittement des dettes (1); il passe des baux qui n'excèdent pas trois années, et doit recourir à l'autorisation du président du tribunal avant de faire vendre le mobilier. Les sommes pro-

(1) On a écarté du projet les termes *fera le recouvrement*, afin de bien indiquer que l'administrateur ne doit pas être mis en contact avec les deniers.

venant soit de la vente, soit du recouvrement sont versées directement dans la caisse de l'établissement. Par conséquent, les membres des commissions de surveillance ne sont jamais soumis à l'hypothèque légale, et c'est le cautionnement du receveur de l'établissement qui est affecté à la garantie des deniers de l'aliéné par privilége à toutes autres créances.

Faculté est toujours laissée aux membres des commissions de surveillance de se décharger des fonctions d'administrateur provisoire en provoquant la nomination d'un administrateur provisoire par le tribunal,

Les parents, l'époux et l'épouse de l'aliéné et le procureur impérial jouissent également du droit de faire nommer par la justice un administrateur provisoire autre que le membre désigné par la commission.

161. Dans les établissements privés, l'administrateur provisoire est toujours désigné par le tribunal du domicile de l'aliéné. La nomination faite en chambre du conseil, après avis de famille et conclusions du ministère public, n'est pas sujette à appel. Elle n'a pas lieu nécessairement pour les individus non interdits placés dans les établissements privés. La loi laisse aux parents le soin d'apprécier l'opportunité de cette mesure ; elle permet en même temps au ministère public de la provoquer d'office, toutes les fois que la négligence de la

famille laisse péricliter les intérêts de l'aliéné (art. 32).

Ainsi, l'administration provisoire est facultative quand il s'agit d'aliénés se trouvant dans des établissements privés : elle est obligatoire, d'après l'art. 31, quant aux aliénés placés dans des établissements publics. Cependant il avait été entendu, lors de la discussion, que l'art. 31 était trop absolu dans sa rédaction; qu'il donnait une faculté comme l'art. 32 ; que pour la même nature de maladies et de personnes, il ne pouvait *y avoir deux traitements* différents, c'est-à-dire des aliénés soumis à l'administration provisoire et d'autres qui n'y seraient soumis qu'autant que quelqu'un le requerrait.

162. A défaut d'administrateur, quand l'aliéné est intéressé dans des partages, comptes, liquidations ou inventaires, l'art. 36 dispose qu'il sera représenté par un notaire spécialement commis à cet effet par le président du tribunal, sur la requête de la partie la plus diligente (analogie avec l'art. 113 C. N.). — En réalité, cette disposition ne peut recevoir d'exécution qu'au cas où il s'agit d'une société antérieurement dissoute; car aux termes de l'art. 1865, 4° C. N., ce n'est que par l'interdiction de l'un des associés que la société est dissoute de plein droit. Mais la dissolution des sociétés à terme peut être demandée par l'un des associés avant le terme convenu, quand il y en a de justes motifs,

comme lorsqu'une infirmité habituelle rend l'un des associés inhabile aux affaires de la société ou pour telle autre cause dont la légitimité et la gravité sont laissées à l'arbitrage du juge (art. 1871). On peut supposer l'individu ci-devant sain d'esprit concourant indispensablement par son art ou par son intelligence à l'existence et à la prospérité de la société. — La mesure s'appliquera encore au cas d'une succession déjà acceptée par l'aliéné lui-même avant sa maladie ; si l'acceptation n'a pas eu lieu, cet acte dépassant évidemment les pouvoirs de l'administrateur, il faudrait provoquer l'interdiction, puisque le tuteur seul aurait capacité pour accepter ou répudier.

163. L'administrateur provisoire est ordinairement choisi parmi les parents ou les héritiers présomptifs. Ce choix est obligatoire pour celui qui en est l'objet de même que la tutelle : les fonctions d'administrateur provisoire sont soumises aux mêmes règles pour les causes d'excuse, d'incapacité, d'exclusion ou de destitution. Le jugement qui les confère peut constituer sur les biens de l'administrateur une hypothèque générale ou spéciale jusqu'à concurrence d'une somme déterminée. Cette espèce d'hypothèque qui n'est ni légale ni judiciaire (car les hypothèques judiciaires sont générales), n'est pas dispensée de la publicité ; elle ne date que du jour de l'inscription, et il est enjoint au procureur impérial de prendre cette inscription

dans le délai de quinzaine (art. 34). Les parents ou amis de l'aliéné, l'aliéné lui-même auraient incontestablement qualité pour requérir l'inscription (arg. de l'art. 2139 C. N.). « Ces dispositions, a dit le rapporteur de la commission à la Chambre des députés, à propos de l'hypothèque, contiennent une innovation assez notable dans notre droit; mais nous la croyons bonne; elle répond aux nécessités pour lesquelles elle est introduite; elle pourra servir d'exemple et de précédents pour d'autres cas, et conduire ultérieurement à réduire le nombre des hypothèques légales dont les inconvénients sont généralement reconnus. »

D'après le texte de l'art. 34, cette hypothèque ne pourrait pas être constituée par un jugement postérieur au jugement de nomination. Il est sage cependant d'écarter cette interprétation rigoureuse qui mènerait à des solutions regrettables et désavouées par la raison.

164. Chargé de conserver et de gérer les biens, l'administrateur provisoire (son titre l'indique) ne peut faire que les actes d'administration nécesaire; c'est à lui que doivent être adressées les significations concernant l'aliéné; faites au domicile de l'aliéné, la loi, pour ne pas punir les tiers d'une ignorance excusable, laisse aux tribunaux le pouvoir discrétionnaire de les annuler ou de les maintenir. Il y a exception pour le protêt; il sera toujours signifié valablement dans les vingt-quatre

heures au domicile indiqué par la lettre de change
(art. 162 et 173 C. de comm.). Car le court délai
accordé pour la signification ne permet point d'exiger que les tiers s'enquièrent du domicile de l'administrateur provisoire. Les fonctions de ce dernier
ne sont plus à la hauteur du besoin dès qu'il faut
consentir des aliénations ou soutenir en justice les
intérêts de l'aliéné. Son mandat ne comprend point
le droit de plaider, soit en demandant, soit en dé-
fendant. Si la personne placée dans l'établissement
d'aliénés est engagée dans une contestation judiciaire au moment de son entrée, ou si quelque
action est intentée contre elle postérieurement, le
tribunal doit désigner un mandataire spécial qui
la représente. Il peut même, en cas d'*urgence*, en
désigner un à l'effet d'intenter une action.

Ce mandat qui peut être confié à l'administrateur provisoire, se règle d'après les principes connus (v. C. N.). Il n'est jamais obligatoire. Il peut
être refusé ou révoqué à toute époque par le tribunal. Il est ordinairement gratuit, bien que les juges
puissent allouer des honoraires.

Par analogie de l'art 505 C. civ., les pouvoirs de
l'administrateur provisoire ou du mandataire spécial ne cessent pas de plein droit par l'interdiction
ultérieure de cette personne; ils continuent de
subsister jusqu'à la nomination d'un tuteur à l'interdiction (1).

(1) Voy. Rouen, 13 février 1855 (S. 55. 2. 510.).

165. Le placement dans une maison d'aliénés et l'administration provisoire qui est le complément de cette mesure ne sont qu'un moyen préventif, servant à retarder, mais non à remplacer l'interdiction. S'agit-il d'aliéner un immeuble, d'emprunter, de constituer une hypothèque, aucun de ces actes n'est possible; nulle personne n'a et ne peut recevoir qualité pour les faire au nom de l'aliéné. S'ils sont indispensables, il faut de toute nécessité recourir à la seconde mesure : faire interdire l'aliéné et lui donner un tuteur. — Encore faut-il pour l'interdiction que l'état de démence soit habituel !

Les fonctions conférées par le tribunal aux administrateurs provisoires durent trois années; après ce délai, elles peuvent être renouvelées pour un égal laps de temps. En tous cas, elles cessent de plein droit dès la sortie de l'aliéné de l'établissement public ou privé.

166. D'une prudence sans égale, la loi ne craint point d'augmenter le nombre des personnes chargées de s'intéresser à l'aliéné. Sur la demande de l'intéressé, de l'un de ses parents, de l'époux, d'un ami, ou sur la provocation d'office du ministère public, le tribunal peut, en outre de l'administrateur provisoire, nommer, par ordonnance à l'abri de l'appel, un curateur à la personne de l'individu non interdit placé dans l'établissement d'aliénés. Contrôlant en quelque sorte les actes de l'adminis-

frateur, ce curateur doit veiller : 1° à ce que les
revenus de l'aliéné soient employés à adoucir son
sort, et à accélérer sa guérison, au lieu d'être éco-
nomisés avec égoïsme et cupidité (comp. art. 510
C. N.), 2° à ce qu'il soit rendu au libre exercice de
ses droits aussitôt que sa situation le permettra.
Ce curateur ne doit pas être choisi parmi les héritiers présomptifs. On en devine le motif : la loi évite
de placer les hommes entre leur intérêt et leur devoir. Ces fonctions sont obligatoires ; elles sont incompatibles avec celles d'administrateur provisoire
(art. 38).

167. Les mineurs non émancipés ou interdits
placés dans un établissement d'aliénés, ne reçoivent ni administrateurs provisoires, ni mandataires,
ni curateurs ; la protection de leur tuteur répond à
tous les besoins. Au contraire, les dispositions de
la loi sont applicables aux mineurs émancipés et
aux individus pourvus d'un conseil judiciaire.

168. En principe, les actes faits par une personne pendant qu'elle est retenue dans un établissement d'aliénés, sont, valables. La loi ne frappe
d'avance cette personne d'aucune incapacité ; mais
ses actes peuvent être attaqués pour cause de démence, sans que l'interdiction ait été prononcée ni
provoquée et sans qu'il soit besoin que la preuve
de la démence résulte de l'acte même qui est attaqué. En cela, l'art. 39 de la loi de 1838 déroge aux

art. 503 et 504 du C. N. Il concède aux magistrats
le pouvoir d'annuler ou de valider à leur gré l'acte
incriminé ; car les tribunaux peuvent reconnaître en fait que la personne dont il s'agit n'était
pas en état de démence, qu'elle était à même de
manifester une volonté suffisante ; d'autre part, la
loi n'établit aucune présomption absolue d'incapacité comme elle le fait en matière d'interdiction,
art. 502. —Le renvoi fait à l'art. 1304 n'est relatif
qu'à la durée du délai dans lequel l'action doit
être intentée. Aux termes de l'art. 1304, le délai
de dix ans par lequel se prescrit l'action de l'interdit court de plein droit à partir de la mainlevée
de l'interdiction ; à l'égard des héritiers, dans le
cas où leur auteur est en état d'interdiction, le
point de départ de la prescription est le jour du
décès. L'interdit qui a obtenu mainlevée de l'interdiction pourra souvent n'avoir gardé aucun sou-
venir des actes qu'on lui aura fait souscrire pendant sa folie. De même, et plus souvent encore,
ses héritiers en ignoreront l'existence. Néanmoins,
les actes deviennent inattaquables dix ans après la
mainlevée de l'interdiction ou le décès de l'interdit.

Il en est autrement quant aux actes des personnes retenues dans une maison d'aliénés. L'art. 39,
par une heureuse innovation, dispose que les dix
ans ne courent contre la personne elle-même qu'à

dater de la signification de l'acte qui lui aura été
faite après sa sortie définitive de la maison d'aliénés, ou de la connaissance qu'elle en aura eu. Si
la personne retenue dans l'établissement y est décédée, le délai ne court à l'égard de ses héritiers,
qu'à partir de la connaissance qu'ils ont eue de
l'acte depuis la mort de leur auteur. Le délai qui a
commencé à courir contre la personne de l'aliéné
continue contre les héritiers.

169. C'est selon le droit commun, par témoins
ou par écrit, en raison de l'importance du litige, que
se fera la preuve de la connaissance acquise par
l'aliéné ou par ses héritiers.

Si la signification a été faite à un aliéné sorti de
l'établissement avant sa parfaite guérison, les tribunaux décideront si elle doit être annulée comme
frauduleuse (1).

170. Cette différence dans la fixation du point
de départ des dix ans après lesquels l'action en nullité est prescrite, produit cette singularité : la per-
non interdite (telle est l'hypothèse de la loi), mais
retenue dans l'établissement d'aliénés, se trouve
avoir, pour invoquer la nullité des actes faits par
elle, un délai plus long que celui accordé à l'interdit. Tout au moins, pour résister à cette anomalie,
la raison veut-elle que le point de départ de l'art.
39 soit adopté au cas d'une personne interdite qui

(1) Voy. Duvergier. Collect. des lois, 1838. p. 551.

a été retenue dans un établissement d'aliénés ; c'est par argument *a fortiori* et pour se conformer à l'esprit de la loi. Le fait de l'interdiction a dissipé tous les doutes sur l'état mental de la personne ; elle n'est que plus digne de protection. — Dès lors, on se bornera à appliquer l'art. 39 aux interdits qui n'ont pas été retenus dans un établissement d'aliénés.

La loi de 1838 ne renferme aucune disposition spéciale sur les actes antérieurs au placement, ou postérieurs à la sortie.

§ 3. *De la sortie des établissements d'aliénés.*

171. Toute personne placée volontairement cesse d'être retenue dans une maison d'aliénés dès que les médecins de la maison déclarent la guérison obtenue. Avis de la déclaration est transmise au père ou au tuteur du mineur ou de l'interdit, et au procureur impérial (art. 13).

172. La loi investit en outre deux autorités du droit d'ordonner la sortie :

1° L'autorité administrative : le préfet peut toujours ordonner la sortie d'une personne séquestrée par son ordre ou sur la demande des particuliers. A cet effet, il est averti sur-le-champ de tout placement volontaire, et il est tenu par les rapports mensuels des médecins au courant de l'état mental de chaque aliéné.

2° L'autorité judiciaire peut être saisie par la demande de la personne retenue, de son tuteur, de son curateur, de tout parent ou ami, des personnes qui auront demandé le placement, et enfin du procureur impérial (art. 14 et 29). Le tribunal compétent est celui de la situation de l'établissement; il statue sur simple requête, en chambre du conseil et sans délai. La décision ne doit pas être motivée (art. 29). — Mais les effets de l'interdiction ne cessent jamais qu'en vertu d'un jugement de mainlevée.

173. Enfin, quant aux personnes qui ne sont pas retenues par ordre de l'autorité publique, leur sortie a lieu dès qu'elle est requise par de simples particuliers, à savoir :

1° Le curateur à la personne: c'est là un de ses deux devoirs;

2° L'époux ou l'épouse;

3° A défaut d'époux ou d'épouse, les ascendants;

4° A défaut d'ascendants, les descendants. — Il résulte du silence de la loi et d'un vote formel de la Chambre des députés que les frères et sœurs n'ont pas le droit absolu de requérir la sortie sans autorisation du conseil de famille.

5° La personne qui a signé la demande d'admission;

6° Toute personne à ce autorisée par le conseil de famille.

La demande d'un ascendant peut être paralysée

par l'opposition d'un autre ascendant. Celle d'un descendant peut l'être par celle d'un autre descendant ; celle de la personne qui a demandé l'admission, l'est aussi par l'opposition d'un parent. Dans ces trois cas, le conseil de famille prononce. Mais quand le conseil de famille, l'époux ou le curateur à la personne demandent la sortie, nul n'a le droit de former opposition, sauf au maire d'ordonner un sursis provisoire à la sortie d'un fou furieux, à la charge d'en référer au préfet dans les vingt-quatre heures (art. 14). L'art. 14, par l'énumération qui précède, ne se met pas en contradiction avec l'art. 29 ; il s'applique aux cas de placements volontaires, tandis que l'art. 29 est fait pour tous les cas, lors même que le malade est retenu par l'administration et pour quelque cause qu'il le soit.

174. En cas d'inexécution des ordres ou des réquisitions ayant trait à la mise en liberté de l'aliéné, les chefs ou préposés des établissements sont passibles des peines portées par l'art. 120 C. P. (six mois à deux ans de prison; 16 à 200 fr. d'amende). (art. 30).

Les contraventions aux autres dispositions impératives de la loi sont, aux termes de l'art. 41, punies d'un emprisonnement de cinq jours à un an, et d'une amende de 50 à 3,000 fr. ou de l'une ou de l'autre de ces peines réduites par application de l'art. 463 du C. P., relatif aux circonstances atténuantes.

CHAPITRE VII.

DU CONSEIL JUDICIAIRE.

175. Le conseil judiciaire est un curateur nommé par justice pour assister une personne qui a été déclarée incapable de faire seule certains actes de la vie civile.

Nous nous occupons de ce genre de protection comme auxiliaire de l'interdiction en vertu de l'art. 499 :

« En rejetant la demande en interdiction, le tribunal pourra néanmoins, si les circonstances l'exigent, ordonner que le défendeur ne pourra désormais plaider, transiger, emprunter, recevoir un capital mobilier, ni en donner décharge, aliéner ni grever ses biens d'hypothèques, sans l'assistance d'un conseil qui lui sera nommé par le même jugement.»

La même disposition s'applique aux prodigues. Nous en traitons dans un chapitre séparé.

176. Si le Code a laissé aux juges une certaine liberté d'appréciation au sujet des cas où il y a lieu de procéder à la nomination d'un conseil, il a du moins défini d'une manière rigoureuse les conséquences que cette mesure doit entraîner. Elle crée une sorte d'incapacité déterminée que les tribunaux ne peuvent modifier ni en plus ni en moins.

177. Il n'y a plus ni conseil de famille aux autorisations duquel il faille quelquefois recourir, ni nécessité de faire jamais intervenir la justice pour homologuer, ni subrogé conseil. L'avoué, le jurisconsulte ou l'homme exercé aux affaires que le tribunal a l'habitude de choisir pour conseil, ne représente point celui à qui il est donné ; il l'assiste seulement, mais il doit l'assister, c'est-à-dire figurer à l'acte et y concourir simultanément avec le faible d'esprit… *statim in ipso negotio præsens*, à l'image du tuteur romain (1). Il procède conjointement avec lui ; tout acte judiciaire, tout appel, tout pourvoi quelconque ne saurait être fait valablement, pour ou contre l'individu pourvu d'un conseil, sans l'assistance de ce conseil. Et une simple autorisation de plaider ne peut tenir lieu de cette assistance, qui, dans les divers incidents qu'offre un procès, doit constamment protéger le faible d'esprit (2).

Dans la pratique, on se contente cependant, quant aux actes extra-judiciaires, d'un consentement donné par écrit séparé et antérieur à la passation de l'acte. La loi romaine dont nous avons rappelé l'*auctoritas tutoris* à laquelle s'assimile heureusement l'assistance du conseil, ajoute: *Post tempus vero, aut per epistolam interposita auctoritas nihil*

(1) Voy. Instit. L. 1. 21. § 2.
(2) Voy. Besançon, arrêt du 1! janvier 1851. (S. 1851. 2. 73).

agit. Cette décision est encore la seule véritable dans notre droit. Aussi quand l'on consent, avec la pratique, à déserter la forme de procéder rigoureusement légale, faut-il tout au moins exiger que l'acte particulier qui déclare autoriser, détermine et précise exactement le caractère de l'opération à faire, les conditions et les diverses clauses. Cet acte particulier restera annexé à l'acte principal afin de prouver que l'acte principal a été lui-même valablement consenti. — Un consentement donné après coup n'aurait aucune valeur, et par conséquent aucun effet ; il ne serait qu'une ratification qui, sans être utile à celui qui a fait l'acte, ne pourrait avoir d'autre résultat que de lui enlever l'action en nullité qui lui appartient. Or, la ratification est un second acte, différent du premier, qui, comme tous autres, exige un consentement de la part de l'individu lui-même assisté de son conseil.

178. Rien de plus large que ces termes de la loi : *Si les circonstances l'exigent.* La dation d'un conseil a lieu, par conséquent, toutes les fois qu'une personne, sans se trouver dans les conditions voulues pour être soumise à l'interdiction, a cependant l'intelligence assez énervée, ou une infirmité physique assez grave pour qu'il soit dangereux de lui laisser le libre exercice de ses droits. Les faits et les circonstances peuvent seuls déterminer les cas. Par eux, les juges connaîtront, si vraiment l'indi-

vidu laisse flotter sa volonté toujours prête à fléchir
au gré de ceux qui cherchent à s'emparer de son
esprit pour le surprendre; s'il est d'une facilité à
s'engager qui le rend incapable de diriger utilement ses affaires. Il arrivera souvent au tribunal
de répondre à une demande en interdiction pour
cause de démence par la nomination d'un conseil,
car la demande en nomination d'un conseil est,
d'après la loi, implicitement renfermée dans une
demande en interdiction, en qualité de conclusion
subsidiaire tacite. Mais la nomination d'un conseil judiciaire au faible d'esprit pourrait-elle être
provoquée principalement et directement? — Malgré l'opposition qui naît des art. 499 et 513 pris
à contrario, il convient d'accorder ce droit aux
parties intéressées au lieu de les contraindre à passer par le détour d'une demande en interdiction:
il n'a pu entrer dans la pensée du législateur
d'exiger qu'on simulât une demande en interdiction dans le but unique d'obtenir la nomination
d'un conseil judiciaire.

La demande d'un conseil pourrait même être
formulée expressément pour la première fois en
cause d'appel (1).

179. Elle peut être provoquée par les mêmes
personnes qui ont le droit de demander l'interdiction, dont elle est un diminutif, et contre toute

(1) Voy. Paris, 26 thermidor an XII. — (S. 7. 2. 861.)

personne majeure ou mineure. Elle est instruite et jugée de la même manière.

180. La personne désignée pour conseil ne peut pas invoquer les causes d'excuse établies par la loi en matière de tutelle. Elle est tenue d'accepter la mission ; les causes d'incapacité ou de destitution des tuteurs lui sont également inapplicables. — En vain l'on exciperait, dans le silence de la loi sur ce point, de l'intérêt social à diminuer la multitude des refus, et de la parité qu'établit l'art. 34, n° 4 du C. pén. en infligeant, à celui qui a encouru la dégradation civique, aussi bien l'incapacité d'être conseil judiciaire que celle d'être tuteur. Le Code pénal ne sert point à interpréter le Code civil. Le silence de la loi autorise à rappeler avec plus d'autorité les principes de l'ancienne jurisprudence qui pensait que les fonctions de conseil judiciaire n'étaient pas forcées, qu'une fois acceptées, on pouvait s'en démettre ensuite (1). Elles constituent en effet, une sorte de mandat conféré par justice, acceptable au gré de l'individu, révocable à son gré et à celui du tribunal. — En cas d'opposition d'intérêt entre le faible d'esprit et son conseil, le tribunal devrait nommer un conseil *ad hoc* (2).

181. Le jugement de nomination de conseil judiciaire reçoit la même publicité que celui d'interdiction (art. 897 C. de proc.). Il produit son effet

(1) Voy. nouv. Denisart. vo Conseil nommé par just. § 2. n. 16 et 17.
(2) Voy. Merlin, Rép. vo Prodigue, n. 9.

dès la prononciation du jugement sur les actes postérieurs (art. 502 C. Nap.); l'art. 503 ne lui
attribue aucune influence sur les actes antérieurs,
et il a été donné une excellente raison de la différence d'avec les actes antérieurs à l'interdiction:
la faiblesse d'esprit existe à des degrés très-variés,
et avec des nuances très-nombreuses; les tiers ne
seraient plus en sûreté, s'il était possible, après le
jugement, de frapper d'une nullité rétroactive les
actes faits antérieurement avec eux; tandis qu'au
contraire l'imbécillité et la folie ont des caractères
d'une nature si apparente et si reconnaissable qu'il
est bien difficile que les tiers n'en aient pas été
instruits (1).

182. Pourvu d'un conseil, l'individu reste toujours le maître de sa personne, libre de changer
son domicile, d'engager ses services ou son indus-
trie, de se marier, bien que la science médicale
observe qu'il est dangereux de permettre le mariage à des individus affectés de troubles de l'intelligence dont le caractère héréditaire n'est que
chose trop fréquente (2). Mais il ne peut faire seul
et sans l'assistance de ce conseil, aucun des six
actes suivants :

1° Plaider soit comme demandeur, soit comme
défendeur à une action mobilière ou immobilière ;

(1) Voy. M. Valette sur Proudhon. t. 2. p. 570. n. a. — Voy. aussi
à propos de la prodigalité; Pothier. Obligations. t. 1. n. 51.
(2) Voy. M. Foville. Diction. de médecine. t. 10. v° Interdiction.

12

2° Transiger sur des droits mobiliers ou immobiliers ;

3° Recevoir un capital mobilier et en donner décharge ; d'où la nécessité par le conseil de surveiller l'emploi ; sinon cette double disposition deviendrait illusoire ;

4° Emprunter ;

5° Aliéner, soit directement au moyen de ventes ou d'échanges, soit indirectement par des engagements contractés ; — défense qui s'étend aux donations entre-vifs aussi bien qu'aux actes à titre onéreux, en s'appliquant exclusivement aux immeubles. Les dispositions relatives aux meubles se trouvent réglées par le n° 3.

6° Hypothéquer ses biens ; disposition qui ne fait pas obstacle aux hypothèques légales ou judiciaires dont les biens peuvent être grevés.

183. Si la simulation ou la fraude est mise en œuvre par le faible d'esprit pour éluder ces prohibitions, il est du devoir des juges de maintenir la sévère application de l'art. 513. En sens inverse, le conseil ne doit pas élargir les attributions qui lui sont dévolues ; il n'est pas un tuteur chargé de représenter le faible d'esprit ; il ne peut donc faire par lui-même, sans le concours de celui qu'il protége, les actes ci-dessus énumérés, et même les actes de pure administration. Il en résulte qu'il n'a pas le maniement des deniers, et que dès lors

il n'est pas comptable de sa gestion (1). L'hypothèque ne grève point son patrimoine ; et de même que
le curateur, il n'est responsable que dans les limites du droit commun, quand il se rend coupable
de faute ou de négligence grave (art. 1383).

184. Le désaccord pourrait naître entre le faible
d'esprit et son conseil, soit parce que le premier refuserait d'agir ou de passer un acte que son conseil
croirait utile, soit parce que le conseil refuserait d'assister le faible d'esprit qui lui-même désirerait agir.

L'hypothèse la plus embarrassante est celle où le
faible d'esprit ayant contracté seul des engagements,
refuse d'agir en nullité de ses obligations ou de ses
ventes, ou de défendre aux attaques de ses créanciers. Si l'on n'accorde pas au conseil le moyen de
vaincre cette résistance insensée, il est réduit au
rôle de témoin impassible de la ruine qu'il est
chargé de prévenir. Il est cependant manifeste que
la loi refuse toute initiative au conseil. Le conseil
ne peut agir seul, à défaut du faible d'esprit. « Le
conseil nommé par justice, dit l'ancien droit, ne
peut pas agir pour celui à qui il est donné, malgré
lui, ni le forcer à faire aucun acte (2). »

Que si le conseil oppose un refus abusif à la demande d'assistance qui lui est adressée, il semble
raisonnable et juste que le faible d'esprit puisse ob-

(1) Voy. nouv. Denis. vo Conseil, n. 14.
(2) Voy. nouv. Denis. v. Conseil nommé par justice. § 2, n. 2.

tenir du tribunal soit la nomination d'un conseil *ad hoc*, soit la révocation du premier (1).

185. Appliquant ici les règles relatives à la nullité en matière d'interdiction, toutes les fois qu'un des actes énumérés en l'art. 503 aura été passé sans l'assistance du conseil, la nullité ne pourra être proposée que par le faible d'esprit, ses héritiers ou ayants cause (art. 1125), sauf aux tiers à répéter ce qui aura tourné à son profit (art. 1312). La durée de l'action est limitée à dix années à partir du jugement de mainlevée (art. 1304). Enfin, cette nullité peut être couverte par la ratification que consentirait le faible d'esprit rentré dans la plénitude de sa capacité (art. 1338).

Quant aux actes passés pendant la litispendance, ils sont valables (arg. *à contrario* de l'art. 513, comparé à l'art. 512); ils ne peuvent être annulés que pour cause de dol, en vertu des art. 1108 et 1116. Mais l'art. 514 permettant d'étendre à la nomination d'un conseil judiciaire les formalités relatives à l'interdiction, le tribunal a faculté, pendant l'instance, de nommer un conseil provisoire.

186. En dehors des actes limitativement énumérés, l'individu conserve le plein exercice de ses droits civils.

Il peut faire tous les actes d'administration, passer des baux, recevoir ses revenus et les em-

(1) Voy. l'arrêt déjà cité, Besançon, 11 janvier 1851. (S. 1851. 2.75.)

ployer, vendre son mobilier corporel, diriger les réparations d'entretien nécessaires à ses propriétés. Les engagements qu'il contracte dans ce but et dans ces limites sont exécutoires sur tous ses biens meubles ou immeubles.

Il peut faire un testament. Cet acte qui n'a d'effet qu'après la mort du testateur, et au préjudice des héritiers, n'est pas atteint par la défense d'aliéner de l'art. 499.

Il peut se marier, avons-nous dit, mais incapable d'aliéner ses capitaux et ses immeubles, il ne peut régler sans assistance ses conventions matrimoniales. Ce n'est point ici le lieu de l'adage: *Habilis ad nuptias, habilis ad pacta nuptialia.* Le régime de la séparation de biens est le seul qu'il puisse adopter, toutes les fois que son conseil ne sera pas appelé à y concourir. Que s'il ne fait pas de contrat, ses meubles autres que ses capitaux tomberont seuls dans la communauté; car il est tout aussi incapable de disposer tacitement qu'expressément, et le régime de la communauté légale a son fondement dans l'intention présumée des parties (1).

Il peut adopter ou être adopté. Il peut valablement reconnaître un enfant naturel.

Enfin, il continue d'avoir l'exercice de ses droits politiques; l'art. 5 de la constitution de l'an VIII (22

_____

(1) Voy. nouv. Denis, v° Conseil nommé par justice, n. 9. —

frimaire), qui enlève l'exercice de ces droits à l'interdit, ne parlant pas de l'individu pourvu d'un conseil : *odia restringenda* (1).

187. La mainlevée de la défense de procéder sans l'assistance d'un conseil s'obtient au moyen des formalités exigées pour faire prononcer la nomination (art. 514, 2°).

La requête doit être présentée au tribunal du domicile actuel du faible d'esprit ; elle peut l'être ou par les personnes qui ont qualité pour provoquer la nomination ou par l'individu lui-même qui est pourvu d'un conseil.

(1) Voy. Contrà, Cass. 23 juill. 1825 (S. 25. 1.391).

CHAPITRE VIII.

DES PRODIGUES ET DES SOURDS-MUETS.

§ 1. *Des prodigues.*

188. Le prodigue est celui qui dissipe sa fortune en vaines et folles dépenses, *qui neque tempus, neque finem expensarum habet, sed bona sua dilacerando et dissipando profudit* (1). — La prodigalité accuse un certain degré de folie. « La prodigalité, dit Meslé, consiste dans la dissipation de biens, dans la mauvaise conduite de ceux qui paraissant raisonnables dans leurs discours, *etsi mentis suæ videbuntur ex sermonibus compotes esse*, tiennent une conduite insensée quant au gouvernement de leurs biens, *qui quod ad bona ipsorum pertinet, furiosum faciunt exitum* (2). Le prodigue est aussi appelé *eversor* (3), *luxuriosus* (4).

189. Quoique quelques jurisconsultes n'adjoignent pas le prodigue au furieux dans la reconstitution du fragment de la loi des XII Tables

(1) Voy. Ulp. l. l. De curat. fur. 27. 10.
(2) Voy. Meslé. Tra'té des minor.tés. 2ᵉ part. ch. 13. n. 7. — Ulp. l. 12. § 2. De tut. et curat. dat. 26. 5.
(3) Voy. Epitome Gaius. l. 8.
(4) Voy. Paul. l. 13. De cur. fur. 27. 10. — L. 40. pr... luxuria immoderata... De damn. infect. 39. 2.

(Tab. V), il n'est pas douteux, sur la foi d'Ulpien, que cette loi ait également placé l'un et l'autre sous la curatelle de leurs agnats et de leurs gentils : *Lex duodecim tabularum furiosum itemque prodigum cui bonis interdictum est, in curatione jubet esse adgnatorum* (1). Mais dans la loi des douze tables, le mot *prodigue* avait un sens tout restreint, et s'appliquait seulement à ceux qui ayant succédé ab intestat à leur père ou aïeul, dissipaient les biens paternels. Cela s'induit de la formule qui servait au préteur à prononcer l'interdiction. Elle nous est révélée par Paul, dans ses sentences : *Quando tu bona paterna avitaque nequitia tua disperdis, liberosque tuos ad egestatem perducis, ob eam rem tibi ea re commercioque interdico* (2). — Les enfants exhérédés par leur père, ceux qui s'é-taient abstenus, ceux qui avaient succédé en vertu d'un testament, et les affranchis qui n'héritaient jamais de biens paternels, n'avaient donc pas de curateurs légitimes, bien qu'ils dissipâssent leur fortune. Les préteurs étendirent les dispositions de la loi à tous les prodigues et leur nommèrent des curateurs (3). Il ne fut également pas sans in-térêt d'interdire les femmes pubères en tutelle pour les empêcher d'abuser des choses *nec mancipi* dont elles conservaient la disposition.

(1) Voy. Ulp. Reg. de curat. 12. § 2. — Ulp. l. 1. De curat. fur. 27 10. — § 3. Inst. De curat. 1. 23.
(2) Voy. Paul. Sent. 3, tit. 4. De testam. § 7.
(3) Voy. Ulp. Reg. De curat. 12. § 3.

. 190. Remarquons que le père qui a la faculté de nommer un curateur à son fils prodigue, peut, par une autre voie atteindre le but d'une interdiction qui a lieu aussi bien dans l'intérêt des enfants du prodigue qu'en vue du prodigue lui-même (selon la formule citée), et assurer la conservation de ses biens à ses petits-fils en les instituant héritiers, après l'exhérédation motivée, et en quelque sorte officieuse de son propre fils, auquel il lègue des aliments (1).

191. Nous avons vu que la loi romaine regardant comme inutile de défendre les actes de la vie civile à ceux que l'absence de raison en rendait incapables, ne frappe pas les aliénés d'interdiction; au contraire, elle y soumet les prodigues, parce que ceux-ci pouvant, d'après le droit commun, donner un consentement valable, il importe de les mettre à l'abri d'engagements qui entraîneraient leur ruine. En conséquence, tandis que les actes passés par un fou dans un intervalle lucide sont valables, ceux qui émanent d'un prodigue en état d'interdicsion sont nuls (2). Au contraire, si les actes de l'aliéné antérieurs à la nomination du curateur peu-

_____

(1) Voy. l. 15. §§ 1 et 2. Tryphon. 27. 10. — Les art. 913 et 1048 et suiv. C Nap s'opposent à cette manière d'éviter l'interdiction longtemps usitée dans l'ancienne jurisprudence. « En Bretagne, où les substitutions ne sont pas d'usage, dit Meslé, les interdictions deviennent plus nécessaires et plus fréquentes pour la conservation des familles. » Ch. 13. n. 8.

(2) Voy. Ulp. l. 10. pr. De cur. fur. 27. 10.

vent être annulés comme dépourvus de consentement, les actes du prodigue restent inattaquables,
tant que l'interdiction n'a pas été prononcée (1).

192. L'interdiction pour cause de prodigalité
n'est cependant pas exclusive de toute volonté. La
loi 40 (Pomponius), *De reg. jur.* l'assimile mal à
propos, sous ce rapport, à l'aliénation mentale. Ce
texte, par son inscription, « Pomponius, lib. 34 ad
Sab.» se rattache aux lois 19 et 29 *De aqua et aq.
pluv.* 39, 3, et seulement à ces lois tirées du même
livre de Pomponius. Elles refusent en cette circonstance toute volonté à l'interdit, parce que, par un
silence qui passerait pour un consentement tacite,
l'interdit pourrait indirectement se causer à lui-
même un dommage ; ce dont il est incapable par
des moyens directs : en un mot, le consentement
du prodigue à un acte nuisible pour sa fortune ne
l'engage point. — Il peut en effet (et c'est ce qui
prouve combien il est juste d'interpréter de cette
façon la loi 40 *De reg. jur.*, acquérir une créance en
vertu d'une stipulation (2), consentir une novation
si elle améliore sa position (3), valablement accep-

(1) Voy. cependant Ulp. l. 12. § 11. Mandat. vel contr. 17. 1. —
Jul. l. 8. Pro empt. 41. 4. — Merlin expose que les mots *nisi forte
et is*, de cette dernière loi, ne sont pas employés par forme d'exception, et qu'ils confirment au contraire la première proposition ; selon
Merlin, le jurisconsulte Julien compare et identifie les deux cas dont
il parle. V° Prodigue. § 5. n. 4.
(2) Voy Ulp. l. 6. De verbor. oblig. 45. 1.
(3) Voy. Pompon. l. 3. De noval. 46. 2.

ter une succession sous la même réserve (1); capable de dol, il est obligé par ses délits de la même manière que l'impubère, *pubertati proximus* (2).

Mais il ne peut se reconnaître débiteur en vertu d'un contrat (3), ni faire aucune aliénation (4). Le paiement qui émanerait de lui permettrait au curateur de revendiquer (5), car il est généralement privé de l'administration de ses biens, qui appartient à son curateur (6). Entre lui et son curateur existe le même rapport qu'entre le curateur et le mineur qui l'a reçu ; il a besoin de son assistance toutes les fois qu'il veut s'engager (7).

193. En principe, on ne peut se porter fidéjusseur du prodigue interdit parce qu'en promettant seul, il ne s'oblige pas même naturellement (8). Cependant la loi 25 *De fidejuss.* 46, 1, décide le contraire. — Des interprètes, les uns supposant que le pupille, le furieux et le prodigue ne sont pas obligés, disent que pareillement le fidéjusseur ne l'est pas ; que s'il paie, alors il ne sera pas fondé à exercer pour cela contre eux l'action de mandat, puisqu'ils

---

(1) Voy. Ulp. l. 5. § 1. De adquir. hered. 29. 2.
(2) Voy. § 18. Inst. Just. De oblig. quæ ex delict. 4. 1.
(3) Voy. Ulp. l. 6. De verb. oblig. 45. 1. — Ulp. l. 9. §7. De reb. cred. 12. 1.
(4) Voy. l. 10. pr. De cur. fur. 27. 10. — Pompon. l. 26. De contrah. empt. 18. 1.— Ulp. l. 11. De reb. eor. 27. 9.
(5) Voy. Ulp. l. 29. De condict. indeb. 12. 16.
(6) Voy. Ulp. l. 1. pr. De cur. fur. 27. 10.
(7) Voy. Const. 3. Dioclet. De in integ. restit. 2. 22.
(8) Voy. Ulp. l. 6. De verbor. oblig. 45. 1.

n'ont pu le constituer leur mandataire. — Cujas et
Godefroy, d'autre part, prétendent, pour justifier
cette dernière décision, que dans l'espèce de la loi
25, le pupille ou le furieux sont valablement obligés, soit *ex delicto* ou par quasi-contrat, ainsi que
l'indiquent d'autres textes (1). — Nous adoptons
cette seconde interprétation. La loi 6 *De verbor.
oblig.* ayant trait à un engagement par stipulation,
elle est exacte dans son hypothèse: le fidéjusseur
ne saurait être tenu puisque le prodigue ne l'est
pas ; et la loi 25 *De fidejuss.* rapportée aussi
à sa véritable espèce est raisonnablement con-
ciliée.

194. Enumérons encore que le prodigue ne peut
faire de testament ni participer à la confection du
testament d'autrui (2). — Toutefois, depuis la novelle de l'empereur Léon, l'aliénation faite par le
prodigue seul est valable, si elle est réellement avantageuse; de même, le testament conforme à des
sentiments naturels d'affection et de libéralité reçoit son exécution (3).

195. Si la résipiscence met le prodigue en état
de reprendre la direction de ses affaires, il est néan-

(1) Voy. Gaius, l. 70. § 4. De fidejuss. 46. 1.—Paul, l. 46. De oblig.
et act. 44; 7.
(2) Voy. Ulp. l. 18. pr. Qui testam. facer. 28. 1. — §.6. Inst. D'e
testam. ord. 2. 10. — § 2. Inst. Quib. non est permiss. 2. 12. — Ulp.
regul. 20. § 13. — Paul. Sent. 3. 4. De testam. § 12.
(3) Voy. Léon. Novell. 39. Ut prodigus quæ ex re ipsius...

moins nécessaire de faire lever par le juge l'interdiction prononcée (1).

190. Il faut observer combien, malgré l'argument que fournirait une interprétation rigoureuse
de la formule d'interdiction, il serait difficile de soutenir que la déclaration de prodigalité concerne
seulement la fortune du prodigue telle qu'elle se
comporte au temps où l'administration lui a été enlevée, et non celle qui lui sera acquise ensuite par
son curateur. Le prodigue n'est pas seulement frappé
d'interdiction à l'égard de cette première partie de
ses biens; l'expression *interdicere bonis* comprend
la fortune entière, celle que le prodigue possédait déjà, celle qui lui advient dans la suite, que
ce soit par l'administration du curateur, par succession, legs ou donation. Le système contraire ra-
virait à la protection de la loi tout son effet, lors
même qu'il donnerait pour tempérament la possibilité de nouvelles déclarations de prodigalité. La
fortune présente n'offre plus que des débris; pourquoi laisser encore compromettre les nouvelles ac-

(1) Voy. Ulp. l. 1. pr. De cur. fur. 27. 10. Ce point est contesté.
L'interdiction est levée de plein droit, disent les interprètes; les mots
ipso jure sont exclusifs d'un décret du préteur. — Nous pensons qu'il
y a de justes raisons de ne pas adopter cette décision que légitime la
const. 6 Inst. C. De cur. fur., quand la question concerne l'insensé.—
Voy. en notre faveur Ulp. l. 8. § 16. De inoficios. test. 5. 2. Les anciens jurisconsultes nous ont fait comprendre tout à l'heure qu'il y a
une grande facilité pour les tiers de reconnaître l'état de folie; la prodigalité est bien moins évidente! Lorsqu'il s'agit de la constater, c'est
l'effet d'une appréciation toujours un peu variable chez les magistrats
eux-mêmes.

quisitions qui la remettraient à flot? Puisquel'interdiction retire le *commercium*, selon Ulpien (1), on ne
saurait comprendre que le prodigue pût conserver
la disposition de sa fortune future. Tous les textes
ne répètent-ils pas en termes absolus: *is qui lege
bonis interdictum est* (2).

197. Dans l'ancien droit, l'interdiction pour
cause de prodigalité se maintient en donnant lieu à
la nomination d'un curateur (3). Par une interprétation peu exacte des textes romains, en la *L.* 15, p.
De curat. fur., la jurisprudence va même jusqu'à
en frapper les femmes de mœurs déréglées (4). C'est
le résultat d'une méprise au sujet des mots *luxuriose vivere*. Cujas a pu les prendre comme syno-
nymes de *meretrix* (5), et par-là pousser à l'erreur.
En vérité, il ne s'agit, selon Paul, que du défaut
d'une libéralité immodérée. Noodt et Voët en ont
fait la remarque (6); le respect dû aux personnes
réclame que là où ne se retrouve pas une dissipation insensée du patrimoine, ne puisse intervenir
une interdiction qui n'a d'autre but que la conservation des biens. « Et, si aliquando, dit Voët, vi-

(1) Voy. Afric. l. 208. De verbor. signif. 50. 16. — Papin. l. 1. pr.
De pignor. 20. 1.

2) Voy. Ulp. l. 10. Paul. l. 13. pr. De cur. fur. 27. 10. — Ulp.
l. 18. pr. Qui testam. facer. 28. 1.

(3) Voy. Meslé Traité des minorités, part. 2. ch. 13. n. 7 et 15
— Pothier, Traité des personnes. t. 9. 1re partie. n. 20.

(4) Voy. Meslé. loc. cital. n. 19.

(5) Voy. Cujas. sur la l. 6. De verbor. oblig. « Luxuria est omnis
dissolutio morum... » et sur Paul. Sent. 3. l. De testamentis. § 7.

(6) Voy. Noodt, ad Pandect. liv. 27. tit. 10. — Voët. ad Pandect.
eod. loc. § 13.

tium utrumque concurrat, non tamen propter me-
retricis mores , sed tantum propter luxuriam eis
conjunctam curator constituendus foret.» Quoi qu'il
en soit, il est certain, d'après Meslé, qu'une telle
cause d'interdiction fut admise dans l'ancienne jurisprudence (1), et que l'art. 182 de l'ordonnance
de Blois, dont nous avons parlé, fut une extension de cette idée. — Or, les textes romains
révèlent que la l. 15, pr.: De curat. fur.,
ne devait pas servir à étayer ces principes ; la l.
40, pr. De damn. infect. 39, 2 , entr'autres,
prouve qu'au temps de Paul (car cette loi est d'Ulpien son contemporain), l'on attachait bien aux
expressions *luxuria, luxuriose,* l'idée d'une dépense immodérée. On ne saurait même reprocher
à la l. 15 pr. d'être surabondante, selon la portée
que nous lui donnons, si l'on se souvient qu'au temps
du jurisconsulte qui l'écrit, la tutelle des femmes se
soutenait encore (2), et qu'il y avait, dans ce cas,
un intérêt à prononcer leur interdiction. (Voyez su-
prà N° 189 *in fine.*)

198. Parmi les coutumes, quelques-unes ne per-
mettaient de poursuivre l'interdiction d'un prodigue qu'en vertu de lettres du Prince , qui étaient
ensuite entérinées. Mais ce mode de procéder leur
resta propre (3).

(1) Voy. cependant. Ancien Denisart. v° Interdiction. n. 56.
(2) Voy. Ulp. Reg. 11 De tutel. § 8.
(3) Voy. Meslé. n. 10. — Merlin. Répert. v° Prodig. § 2.

199. Les règles de la coutume de Bretagne méritent particulièrement l'attention. Elle présentait ce caractère particulier, qu'elle autorisait une interdiction provisoire quand le prétendu prodigue fesait défaut à l'instance, ou quand, comparaissant, la cause entrait en longueur: le juge, sur information sommaire, ordonnait que l'état du procès serait banni (art. 492 anc. cout. — art. 520 de la nouvelle). Les actes passés avec le défendeur après publication de la sentence au lieu du domicile, étaient nuls, à moins que la sentence provisoire ne fut réformée par la sentence définitive ou que le demandeur en prodigalité eut laissé écouler trois années, date de l'introduction de la demande, sans avoir obtenu un jugement définitif (art. 493 à 496 anc. cout. — art. 521 à 524 nouv. cout.). — Une fois l'interdiction prononcée, on nommait le curateur.

200. D'Argentré observe qu'il n'y a prodigalité qu'autant que la dissipation en folles dépenses a absorbé le tiers du patrimoine (1); usage purement local et auquel les autres pays coutumiers ne semblent pas avoir conformé leur appréciation. A plus forte raison, serait-il inutile de le rappeler aujourd'hui aux juges qui jouissent en cette matière d'un pouvoir discrétionnaire. Mais les pertes qui arrivent par accident sont dignes de pitié, et les fausses spé-

(1) Voy. d'Argentré, sur l'art. 491. n° 3.

culations ne doivent pas être considérées comme
des actes de prodigalité (1).

201. La nécessité de publier le jugement d'interdiction et d'un second jugement pour rendre au
prodigue l'administration de ses biens, est parfaite-
ment comprise. Les sentences sont insinuées et si-
gnifiées aux notaires qui doivent tenir dans leurs
études un tableau des personnes interdites (2). Le
jugement n'a point d'effet rétroactif; l'incapacité date
de la prononciation du jugement, bien qu'il y ait
lieu d'annuler les engagements contractés par un
prodigue au profit de personnes affidées qui savent
qu'on attaque son état (3).

202. La jurisprudence introduisit, quant au fond
du droit, des modifications considérables. Non seulement, la séparation de biens et les substitutions
furent des moyens fréquents d'éviter les interdic-
tions(4), mais l'interdiction pour cause de prodigalité, plus facilement que celle pour faiblesse d'esprit, put aussi devenir, avec l'utilité désirable, simplement partielle et limitée à certains actes. On se
borna même souvent à nommer au prodigue un
conseil qui devait l'assister dans certains actes dé-

(1) Voy. Meslé. n. 8. et M. Cambacérès. dans Locré. t. 6. p. 104.
(2) Voy. art. 497. anc. cout. — 535. Cout. nouv. de Bretagne. —
Meslé. n. 13 et 17. — Pothier. loc. citat. n. 205. — Anc. Denisart.
vo Interdict. n. 14 à 17. — Merlin. loc. citat. § 6.
(3) Voy. ancien Denisart. vo Interdict. n. 22 à 23. — Merlin, Rép.
vo Prodigue. § 3 n. 4. et vo Interdiction. § 6. n. 8.
(4) Voy. Meslé. n. 8 et 16.

terminés par le juge, sans que jamais ce conseil dût figurer en nom dans le procès ou dans les actes du majeur; il ne pouvait être fait mention de lui qu'en qualité d'approuvant (1). (V. ce qui est dit Ch. VII, n° 177).

203. Le conseil vient-il à décéder ou à donner sa démission, le juge en nomme un second sur la requête des parents. — On se demande si les actes faits par le prodigue seul jusqu'à la nouvelle nomination d'un conseil sont valables? Quelques-uns décident l'affirmative; ils voient dans le silence des parents un témoignage de la capacité de l'interdit, *la famille devant s'imputer de n'avoir pas fait nommer un autre conseil*. — Cette manière de recouvrer le libre exercice de ses droits (que l'on repousse d'un avis unanime, lorsqu'il s'agit de personnes en démence ou faibles d'esprit), doit, selon d'autres, servir au prodigue sous réserve d'examen des actes et des circonstances (2).

204. L'interdiction pour cause de prodigalité ne devait pas se maintenir dans toutes les législations. A l'époque du droit intermédiaire, elle touche à son terme. La législation civile va être solidement reconstituée par le Code de 1803-1804 : les détours

(1) Voy. anc. Denisart. v° Interdict. n. 6.—Nouv. Denisart. v° Conseil nommé par justice. § 2.
(2) Voy. anc. Denisart. v° Interdict. n. 43.—Nouv. Denisart. v° Conseil nommé par justice. n 16 et 17.

de l'ancienne jurisprudence deviendront la voie légale.

205. La constitution du 5 fructidor an III (Titre
2, État politique des citoyens) déclare l'exercice des
droits de citoyens suspendus par l'interdiction judiciaire *pour cause de fureur, de démence ou d'imbécillité* (art. 13). Du silence de cette loi, à l'égard
des prodigues, la cour de cassation a pu conclure
une fois à l'abolition implicite de l'interdiction pour
prodigalité (1), mais cette abolition résulte plus sûrement des art. 489 et 513 C. Nap., qui ne permettent plus que de donner au prodigue *un conseil judiciaire.*

Ainsi disparut une cause d'interdiction introduite par la législation romaine, et depuis, conservée par la jurisprudence de tous les siècles. Il est
digne de remarque que le projet du Code civil
de l'an VIII garde le silence sur les prodigues, et
qu'à la place du conseil judiciaire dont traite le
Ch. 3 (Titre XI), il se contente d'offrir *un conseil
volontaire* à celui qui, sans avoir perdu l'usage total
de la raison, se défie de sa faiblesse et craint d'être
exposé à des surprises. Lors des discussions préparatoires, on douta longtemps qu'il y eut des me-

---

(1) Voy. Cass. 21 nivôse an X. — Merlin. Rép. v° Prodigue. § 7.
— Mais voir en sens contraire le jugement du tribunal civil de Tournai,
du 4 décembre 1806, — et l'arrêt confirmatif de la cour de Bruxelles,
du 31 mars 1808, l'un et l'autre rapportés avec le rejet des pourvois
(6 juin 1810) par Merlin. Quest. de droit. Supplém. t. 3. v° Prodigue, et par Sirey. 10. 1. 339.

sures à prendre contre la prodigalité ; l'orateur du gouvernement (M. Emmery) expose quel noble respect pour les principes de la liberté individuelle et de la propriété avait entretenu l'hésitation. On reconnut enfin que l'Etat ne peut admettre que le droit de propriété soit pour un citoyen le droit de ruiner sa famille en satisfaisant des fantaisies ou des caprices, souvent des passions pernicieuses, des penchants condamnables. Le prodigue peut aussi devenir un homme d'autant plus dangereux que ses habitudes de dépenses et de faste lui rendent les privations plus douloureuses et le travail plus difficile.

L'objection née de l'arbitraire qu'entraîne l'appréciation de la prodigalité, dut s'évanouir devant ces considérations d'un ordre plus relevé, et la nomination d'un conseil judiciaire (choisi parmi les personnes recommandables par leur probité et leur expérience des affaires) dont l'assistance serait obligatoire pour un certain nombre d'actes limitativement énumérés, parut un remède nécessaire et convenable pour conjurer les dangers dont un penchant funeste pouvait menacer la société et les familles.

206. Le texte de l'art. 513 C. civ., est littéralement celui de l'art. 499, que les rédacteurs ne crurent pas *suffisant*, malgré sa généralité, pour comprendre les prodigues. L'état légal du prodigue et celui du faible d'esprit sont donc identiques : les décisions applicables à l'un, le sont à l'autre ;

il faut se reporter au chapitre du Conseil judiciaire (ch. VII).

207. Ajoutons : 1° que l'on ne doit pas contester au ministère public le pouvoir de provoquer la dation d'un conseil à un individu qui n'a ni époux ni épouse, ni parents connus. L'art. 514 le lui confère par son renvoi absolu à l'art. 491, en dépit des arguments que l'on emprunte soit à l'ancien droit (1), soit aux travaux préparatoires, soit au principe de liberté individuelle.

2° Que, bien que les preuves de la prodigalité doivent ressortir des faits et non se chercher dans la personne même, le prodigue, contre lequel il est instruit, doit être soumis à l'interrogatoire, encore plus utile dans ce cas que dans celui d'une demande en interdiction; car le prodigue peut répondre et doit être mis dans la possibilité de justifier que le dérangement de sa fortune provient non de l'abus qu'il en a fait, mais de fausses combinaisons, des spéculations malheureuses ou d'autres causes indépendantes de sa volonté (2). Déjà cette doctrine tendait à prévaloir dans l'ancienne jurisprudence (3).

(1) Voy. Meslé. part. 2. ch. 13. n. 8. — La cout. de Bretagne, art. 519, refuse au ministère public la faculté de provoquer l'interdiction pour prodigalité.

(2) Voy. Rapport au tribunat, par M. Bertrand de Greuille.

(3) Voy. ancien Denisart, v° Interdict. n 13, 15 et 17.

§ 2. *Des sourds-muets.*

208. La capacité des sourds-muets n'est pas, dans notre Code, l'objet de dispositions spéciales, à l'exception de celles contenues dans l'art. 936, auquel on peut joindre l'art. 979, quoique ce dernier ne suppose pas la surdité.

1° L'art. 979 dispose que la personne muette, mais qui sait écrire, peut tester en la forme mystique à la condition d'écrire en entier son testament, le dater et le signer *de sa main*, et de le présenter au notaire et aux témoins après avoir écrit en haut de l'acte de suscription et en leur présence que le papier présenté contient son testament.

La loi, contrairement à la règle générale de l'art. 978, exige donc que les muets écrivent eux-mêmes leur testament, afin d'avoir, dans l'accomplissement de cette formalité, la preuve légale d'une intelligence assez développée pour disposer en connaissance de cause.

Sachant écrire, ils peuvent aussi tester en la forme olographe ; mais s'ils sont illettrés, ils ne peuvent tester en aucune forme.

Un sourd ne peut tester en la forme publique à cause de l'impossibilité d'accomplir quant à lui la formalité de la lecture. S'il sait lire, il peut faire un testament mystique ; s'il sait écrire, il peut faire ou un testament olographe ou un testament mystique.

Le sourd-muet n'a donc capacité que pour un testament olographe ou pour un testament mystique, à la charge de l'écrire en entier de sa main.

209. 2° L'autre article a trait à l'acceptation des donations entre-vifs. Il est ainsi conçu : « Le sourd-muet qui saura écrire, pourra accepter lui-même ou par un fondé de pouvoir. S'il ne sait pas écrire, l'acceptation doit être faite par un curateur nommé à cet effet, suivant les règles établies au titre de la minorité, de la tutelle et de l'émancipation. »

210. A part ces deux dispositions, d'une portée très-restreinte, le silence du Code laisse les sourds-muets sous l'empire du droit commun, c'est-à-dire qu'ils sont généralement capables de faire tous les actes de la vie civile, quand ils peuvent manifester leur volonté. C'est ce qui a été reconnu lors des travaux préparatoires, au sujet du mariage. La commission chargée de rédiger le projet, avait inséré un article portant que « les sourds-muets de naissance ne pourraient se marier qu'autant qu'il serait constaté, dans les formes prescrites par la loi, qu'ils sont capables de manifester leur volonté. » La section de législation proposa cet article au conseil d'Etat, en supprimant seulement les mots « dans les formes prescrites par la loi ; » mais le Conseil le rejeta en entier. Cet article se bornant à expliquer que les sourds-muets ne peuvent se marier qu'autant qu'ils peuvent consentir, sa disposition

se confondait avec celle de l'art. 147 C. Nap. On devait se borner à ce dernier (1).

211. La surdi-mutité peut dater de la naissance, ou bien être l'effet d'un accident postérieur. L'infirmité native engendre d'habitude l'imbécill. ; ou l'idiotisme. Quelquefois l'éducation mimique produira un certain développement de l'intelligence ; mais les personnes chez lesquelles la double privation de l'ouïe et de la parole sera le résultat d'un fait accidentel, posséderont plus souvent une entente ordinaire des choses de la vie. — Suivant que la privation des organes aura plongé les personnes qui en souffriront dans un état d'imbécillité complète ou de faiblesse d'esprit, elles pourront être interdites en vertu de l'art. 489 C. civ., ou pourvues d'un conseil judiciaire en vertu de l'art. 499. Les expressions *si les circonstances l'exigent* de ce dernier article autorisent la jurisprudence à en faire une telle application (2). L'éducation de la personne, son instruction solide, ses moyens faciles de communication sociale peuvent même faire qu'elle doive, comme tout autre majeur, conserver le plein et libre exercice de ses droits civils. « Le sourd-muet peut être placé dans les conditions pénales à peu près communes à tous les hommes, si son éducation a été complète, c'est-à-dire si, suivant M. Itard, elle a dix à douze ans de durée ; ...le sourd-

(1) Voy. Locré. t. 2. p. 41. — Fenet. t. 9, p. 8 et 12.
(2) Voy. Lyon, 14 janvier 1812 (S. 1813. 2. 12.).

muet peut, au contraire, rentrer dans la catégorie des idiots ou des imbécilles à divers degrés, suivant le genre d'éducation qu'il a reçue (1). » En effet, si la personne s'est rendue familière la notion du droit et l'idée d'un rapport juridique, si elle aperçoit bien l'étendue de tous les effets d'un contrat, si les idées abstraites qui se rattachent aux obligations sociales sont devenues accessibles à son esprit, elle n'est point inférieure au commun des hommes. — Aux juges d'apprécier s'il convient ou non de la frapper d'une incapacité totale ou partielle.

212. Cependant on a prétendu que, dans le système du Code Napoléon, les sourds-muets devaient être distingués en trois catégories : .

Ceux qui n'ont reçu aucune éducation ;

Ceux qui jouissent du bienfait d'une éducation mimique ;

Ceux qui savent lire et écrire.

Les premiers devant être nécessairement interdits ; les seconds pourvus d'un conseil judiciaire ; et les derniers conservant la plénitude de leur capacité civile.

213. Pour soutenir cette théorie, on invoque l'art. 936 plus haut cité. Généralisant les dispositions de cet article, on en conclut que le sourd-muet ne peut agir seul qu'autant qu'il sait lire et

(1) Voy. M. Devergie. Médecine légale. v° Aliénation mentale.

écrire. Mais cette solution, beaucoup trop absolue, est contraire en cela aux principes du Code qui permettent de contracter à tous ceux que la loi ne déclare pas expressément incapables.

Un sourd-muet peut, au prix de ses propres efforts, avoir acquis dans la seule pratique de la vie un degré d'intelligence suffisant à la direction de son patrimoine et aux exigences de sa position personnelle. — Il n'y aurait pas lieu de prendre à son égard des précautions que son état ne provoquerait point et dont la loi restreint l'application dans des limites rigoureuses.

Si lors de la discussion du titre du Mariage, au sein du Conseil d'État, il a été formellement reconnu que la privation de l'ouïe et de la parole n'est pas un empêchement au mariage plutôt que d'autres infirmités, toutes les fois que le consentement peut être clairement exprimé ; si ce principe a été déclaré à l'égard du mariage, un des actes les plus graves de la vie civile, à plus forte raison il doit être étendu aux autres contrats pour lesquels un discernement aussi sain et aussi éclairé est loin d'importer également. Les sourds-muets conservent donc en principe le libre exercice de leurs droits et les mesures dont ils seront l'objet doivent varier avec les circonstances. L'art. 936 est spécial aux donations entre vifs, et s'explique par les formes

et les solennités sacramentelles dont la loi s'est plû
à entourer ce contrat. — Du reste, il ne nous paraît
pas s'opposer à ce qu'un sourd-muet puisse jouer
le rôle de donateur (1).

214. Cette doctrine n'est point en opposition
avec l'ancienne jurisprudence ; car si le sourd-muet
pouvait faire constater juridiquement sa volonté
soit par l'écriture ou même par des signes, elle lui
reconnaissait le droit de contracter seul. Merlin rapporte un arrêt du parlement de Paris du 26 juin
1770, qui décide que les sourds-muets de naissance, lorsqu'ils sont majeurs, se passent aussi bien
que les personnes douées de l'ouïe et de la parole,
du consentement de leurs parents, quant au mariage. Pothier ne le décide pas autrement (2).

215. La plupart des lois romaines ne paraissent
pas supposer les deux infirmités réunies. Celles qui
nous représentent les individus faisant acte d'héritier, ou donnant par signes à un fils ou à un esclave l'ordre de faire adition (3), recevant un mandat (4), se mariant ou s'engageant pour cause de
dot (5), n'ont trait qu'aux malheureux atteints de
l'une ou de l'autre, de surdité ou de mutisme. L'on

(1) Voy. en ce sens. Rej. 30 janv. 1844.(S. 44. 1. 102).—Contra. Merlin.
Répert. vo Sourd-muet. § II
(2 Voy. Traité du contrat de mariage. n. 93.
(3) Voy. § 7. Inst. De hered. qualit. et differ. 2. 19. — Ulp. l. 5.
De acquir. hereditat. 29 2. et Paul. l. 93. §§ 1 et 2. eod. tit
(4) Voy. Paul. l. 43. pr. De procurator. 3. 3.
(5) Voy. Paul. l. 73. De jure dotium. 23. 2.

ne peut pas sûrement en induire que les sourds-
muets qui avaient l'intelligence nécessaire pour
connaître leurs droits et manifester une volonté,
pouvaient agir seuls.

Il est certain, au contraire, qu'ils ne pouvaient
stipuler, ni tester, à moins d'être dispensés des
formes ordinaires, soit en leur qualité d'anciens
militaires, soit en vertu d'une permission individuellement accordée par le prince (1); jusqu'à ce
que Justinien distinguant entre les sourds-muets de
naissance et ceux devenus tels par accident, eut considéré les seconds comme pouvant tester par
écrit (2). — L'incapacité des premiers trouvait un
remède dans la substitution quasi-pupillaire ou
exemplaire (3).

216. Il faut croire que si cette législation a montré
une plus grande sollicitude que la nôtre, en éten-
dant positivement sa protection sur des personnes
dont nos lois ne s'occupent expressément qu'autant
que leur incapacité revêt les caractères ordinaires
de l'imbécillité, cependant elle ne plaçait pas d'une
manière absolue les sourds-muets dans la catégorie
des individus privés de raison, et que si le magistrat leur nommait comme à ceux-ci un curateur
pour gérer leurs affaires, c'était quand ils se mon-

(1) Voy. § 2. Inst. De milit. testam. 2. 4. — Œmil. Mac. l. 7. Qui
testam. facer. 28. 1.
(2) Voy. Const. 10 Just. C. Qui testam. facer. poss. 6. 22.
(3) Voy. § 1. Inst. De pupill. substit. 2. 16. — Const. 9. Just. C.
De impuber. et aliis. substit. 6. 22.

traient, comme eux, incapables des devoirs ordinaires de la vie civile; « *Sed et mente captis et surdis et mutis, et qui perpetuo morbo laborant, quia rebus suis superesse non possunt, curatores dandi sunt* (1). » Pothier écrit dans la même pensée : «On nomme aussi des curateurs à ceux que quelque défaut corporel empêche d'administrer leurs biens : tels sont les sourds-muets de naissance (2). »

(1) Voy. § 4. Inst. De curat. 1. 23.
(2) Voy. Traité des personnes. n. 200.

POSITIONS.

DROIT ROMAIN.

I. La vente consentie par le *furiosus* produit des effets au profit de l'acheteur qui croyait son vendeur sain d'esprit. — La *loi 2, § 16, Pro empt.* et la *l. 7, §2, De public. act.* ne sont pas inconciliables.

II. Lorsqu'une donation est faite sous condition suspensive, la mort ou la démence du donateur survenue avant l'événement de la condition empêche-t-elle la translation du droit de propriété ? — Les textes du Digeste sur ce point, *l. 2, § 5, De donation.* et *l. 9, § 1, De jure dot,* sont inconciliables.

III. La *l. 40 De reg. jur.,* n'a qu'un sens relatif en ce qui concerne le prodigue interdit ; il faut la rapprocher des *l. 19 et 20 De aq. et aq. pluv. arcend.*

IV. La fille de famille est capable de s'obliger.

V. Dans les actions arbitraires, le *jussus* du juge pouvait être exécuté *manu militari* dès l'époque des jurisconsultes, du moins en tant que l'exécution ne rencontrait qu'un obstacle de fait.

VI. L'affranchissement d'un esclave constitue de la part de l'héritier externe un acte d'acceptation tacite, nonobstant la *l. 1, C. De jure deliberandi.*

VII. A l'époque de la jurisprudence classique, le possesseur de bonne foi gagnait les fruits par la simple perception.

VIII. Dans le cas de délégation faite *dotis causâ* par la femme au mari, les risques de l'insolvabilité sont pour la femme.

IX. Les pactes et les stipulations ne suffisent pas pour constituer un droit réel d'usufruit ou de servitude.

DROIT CIVIL FRANÇAIS.

I. Un mineur peut être interdit.

II. Une personne ne peut provoquer elle-même sa propre interdiction.

III. L'époux et les enfants doivent être admis au conseil de famille avec voix délibérative pour donner leur avis sur l'état de leur père ou conjoint dont l'interdiction est provoquée par d'autres parents.

IV. Un interdit ne peut ni se marier, ni faire un testament.

V. L'art. 901 fait exception aux art. 503 et 504.

VI. Le tuteur d'un interdit a qualité pour intenter au nom de l'interdit une action en désaveu.

VII. La disposition de l'art. 1304, qui suspend en faveur des interdits le délai de l'action en nullité des conventions, s'applique aux actes émanés d'un majeur capable dont un interdit est devenu le représentant, comme à ceux faits par les interdits eux-mêmes.

VIII. L'individu pourvu d'un conseil judiciaire ne peut se marier, sans l'assistance de ce conseil, sous un autre régime que celui de la séparation de biens.

I. Les époux peuvent par contrat de mariage renoncer à l'usufruit légal des biens de leurs enfants.

II. La recherche de la maternité n'est pas autorisée contre l'enfant dans le but de faire réduire les libéralités qu'il a reçues de sa prétendue mère.

III. Le subrogé-tuteur n'a pas qualité pour interjeter appel des jugements qui lui paraissent contraires aux intérêts du mineur.

IV. Le propriétaire inférieur qui veut acquérir, par prescription, droit à une source, peut se borner à faire les travaux nécessaires sur son propre fonds.

DROIT CRIMINEL.

I. Les effets de l'interdiction légale ne sont pas ceux de l'interdiction judiciaire.

II. Sur l'appel *a minima* interjeté par le ministère public, en matière de police correctionnelle, le juge supérieur peut prononcer une diminution de peine, ou même un acquittement, quoique le prévenu n'ait pas de son côté interjeté appel.

DROIT DES GENS.

I. L'exterritorialité dont jouit l'hôtel d'un ambassadeur ne lui permet pas d'y donner asile à des criminels.

II. Un étranger peut adopter un français ou être adopté par lui.

Vu par le Président de la thèse.

G. COLMET D'AAGE.

Vu par le Doyen de la Faculté,

C. A. PELLAT.

Permis d'imprimer :

Le Vice-Recteur de l'Académie de la Seine,

CAYX.

www.ingramcontent.com/pod-product-compliance
Lightning Source LLC
Chambersburg PA
CBHW070525200326
41519CB00013B/2936